나의 고통 누구의 탓인가

My Suffering : Whose Fault Is It?

국제제자훈련원은 건강한 교회를 꿈꾸는 목회의 동반자로서 제자 삼는 사역을 중심으로 성경적 목회 모델을 제시함으로 세계 교회를 섬기는 전문 사역 기관입니다.

나의 고통 누구의 탓인가

초판 1쇄 발행 1994년 10월 31일
개정판 5쇄(15쇄) 2017년 10월 30일

지은이 옥한흠

펴낸이 박주성
펴낸곳 국제제자훈련원
등록번호 제2013-000170호(2013년 9월 25일)
주소 서울시 서초구 효령로 68길 98(서초동)
전화 02)3489-4300 **팩스** 02)3489-4329
이메일 dmipress@sarang.org

ISBN 89-88850-57-2 03230

※ 책값은 뒤표지에 있습니다. 잘못된 책은 구입하신 곳에서 교환해 드립니다.

다르게 사는 사람들 | 고통을 넘어서라 3

나의 고통
누구의 탓인가

My Suffering : Whose Fault Is It?

▌옥한흠 글

국제제자훈련원

■ 초판서문

　신앙 생활을 잘하면 별 어려움 없이 세상을 살아갈 줄 알았다가 어느 날 갑자기 심한 고난의 파도에 휩쓸리게 되면 자기도 모르게 욥이라는 인물을 생각하게 되는 것이 많은 그리스도인한테서 볼 수 있는 현상이 아닌가 싶다. 그만큼 욥은 동서고금을 막론하고 숱한 성도들로부터 사랑을 받아 왔다.

　그러나 참으로 욥을 이해하거나 본받는다는 것은 결코 쉬운 일이 아니다. 고통의 해답을 찾으려고 욥기를 폈다가 실망하고 일어서는 사람이 어디 한둘이겠는가? 앞뒤 한두 장 정도는 쉽게 읽으면서 이해할 수 있을지 모르나 그 나머지는 절대로 수월히 읽히는 부분이 아니다. 이처럼 욥기는 고통의 멍에를 짊어진 사람이라고 해서 누구나 다 아무 어려움 없이 접근할 수 있는 성경이 아니다. 그럼에도 욥의 이야기를 빼놓고 성도가 겪는 고통에 대해 무슨 말을 한다는 것은, 알지 못하면서 아는 체하는 우를 범하는 것과 같다.

　나는 대학 시절 내내 병과 씨름하는 어두운 터널을 통과해야 했다. 그래서 고통이 무엇인지 조금은 느끼고 이해할 수 있었다. 그러나 목회를 시작한 후 별다른 어려움 없이 10년을 보내고 나니 나도 모르게 고통당하는 형제들을 보는 눈이 싸늘해졌다는 것을 한참 후에야 알게 되었다. 약한 자들, 가난과 씨름하는 자들, 말 못할 고민을 몰래 숨긴 채 가슴앓이하는 자들을 보면서도 그들의 처지로 내려가서 함께 울어주지 못하는 냉정한 목회자가 되어 버린 것이다. 힘들이지 않고 산을 타는 사람이 조금 오르다 숨을 몰아쉬며 쩔쩔매는 동행자를 이해하지 못하는 것과 같은 잔인한 인간성이 내 마음 한구석에 자리를 잡았던 것이다. 옥 목사 곁에 있으면 무섭다는 말이 그래서 나왔는지도 모른다. 게다가 나는 이러한 증세가 목회자로서 얼마나 심각한 것인가를 잘 느끼지 못하고 있었다.

그러던 어느 날, 수요예배 설교를 하고 돌아와서 밤 사이에 나는 끝이 보이지 아니하는 깊은 수렁으로 떨지고 말았다. 어디가 잘못되었는지 알 수도 없는 병이 나를 사정없이 움켜쥔 것이다. 그후 4년이 넘도록 고통과 씨름하면서 남모르는 아픔과 눈물을 삼켜야 했다. 첫 한 해를 제외하고는 교회 일을 쉬지 않았기에, 나는 목회와 병이라는 거인 둘을 상대로 힘겨운 씨름을 계속해야 했다. 하나님께서는 이 기간 동안 나의 귀를 열어 교회 이 구석 저 구석에서 들리는 신음소리를 듣게 하셨다. 나의 눈을 열어 건강하고 행복한 사람들의 그늘에 가려 눈에 잘 뜨이지 않던 형제들을 보게 하셨다. 나의 고통을 통해 고통 가운데 있는 그들을 발견할 수 있게 된 것이다.

좋은 믿음을 가지고 열심히 주님을 섬기려고 힘쓰는 형제들이 이유를 알 수 없는 고통을 겪게 되는 것을 보면서 내가 할 수 있는 일이 무엇인가를 생각했다. 그러다가 하나님의 말씀을 가지고 성도들이 자신의 고통을 바로 보고 대처할 수 있게 만드는 것이 바로 내가 해야 할 일임을 알게 되었다. 그래서 욥기를 주일 강단에 올려 놓게 된 것이다. 비록 어려운 말씀이지만 고통을 맛본 사람이라면 세미하게 들리는 주님의 음성을 들을 수 있다는 것을 나의 경험을 통해 발견했기 때문에 주저할 필요가 없었다.

작년, 내가 런던에 들렀을 때 하나님께서 왜 욥기를 가지고 설교하도록 인도하셨는가에 대해 작은 대답을 얻을 수 있었다. 그곳에서 수재들만 들어간다는 고등학교에서 공부한 딸을 가진 부부를 만났다. 학교를 졸업한 후 고국에서 대학을 다니고 싶다고 소원해서 하나뿐인 딸을 유학시켰다고 한다. 그런데 그 딸이 어느 날 한강변에 갔다가 불량배에게 쫓겨 엉겁결에 물 속으로 뛰어든 것이 목숨을 잃는 참사가 될 줄이야 누가 알았겠는가. 하나님을 섬기는 가정에서 일어난 끔찍한 비극이었다. 그런데 그 남편이 나이에 비해 많이 늙어 보이는 부인을 가리키며 "목사님의 욥기 설교 테이프가 아내를 살렸어요."라고 말하는 것이었다. 하나님의 품에 안겨 있을 그 딸이 사랑의교회에 다니고 있었기 때문에 테이프를 쉽게 구할 수 있었다고 한다.

내가 고통에 조금씩 눈뜨기 시작하면서 설교한 내용이어서 독자들에게 더 강력한 하나님의 음성으로 다가갈 수 있기를 기도하고 있다. 더욱이 독자들이 이 책을 읽으면서 욥을 찾아오셨던 하나님을 묵상하고 만날 수 있다면 더 이상의 바람은 없을 것이다.

1994년 10월
옥한흠

차 례

초판 서문

순전하고 정직한 자의 삶 • 009
사단의 존재를 의식하는 신앙생활 • 027
역경을 대처하는 길 • 045
남편의 불행, 아내의 슬픔 • 063
좋은 위로자가 되려면 • 079
아무리 절망이 커도 • 097
죄짓고 벌 받았다는 소리 • 117
함부로 자신을 정죄하지 말라 • 137
고통을 다루시는 하나님의 손길 • 159
폭풍 가운데 찾아오신 하나님 • 177
곤경을 돌이키시는 하나님 • 197

순전하고 정직한 자의 삶

우스 땅에 욥이라 이름하는 사람이 있었는데
그 사람은 순전하고 정직하여 하나님을 경외하며 악에서 떠난 자더라
그 소생은 남자가 일곱이요 여자가 셋이며 그 소유물은 양이 칠천이요
약대가 삼천이요 소가 오백 겨리요 암나귀가 오백이며 종도 많이 있었으니
이 사람은 동방 사람 중에 가장 큰 자라
그 아들들이 자기 생일이면 각각 자기의 집에서 잔치를 베풀고
그 누이 셋도 청하여 함께 먹고 마시므로
그 잔치 날이 지나면 욥이 그들을 불러다가 성결케 하되
아침에 일어나서 그들의 명수대로 번제를 드렸으니
이는 욥이 말하기를 혹시 내 아들들이 죄를 범하여
마음으로 하나님을 배반하였을까 함이라
욥의 행시기 항상 이리하였더라(욥기 1:1-5).

욥의 순전하고 정직함은 부를 얻는 데서도 입증이 되었고, 부를 누리는 데에서도 입증이 되었고, 부를 잃어버리는 데서도 입증이 되었습니다.

욥에 대해서 확실하게 말할 수 있는 사실은 별로 없습니다. '욥' 이라고 하는 이름의 원래 의미는 '돌이키는 자', '미움받는 자' 라는 말이지만 정확하지는 않습니다. 그리고 그가 살았던 시대가 언제인지도 확실하지는 않습니다. 아브라함과 같은 시대에 살았던 인물이 아닐까, 아니면 그보다도 훨씬 이전에 살았던 인물이 아닐까 하고 대략 짐작할 뿐입니다. 성경학자들은 욥기에 기록된 사건이 일어났을 당시 욥의 나이가 대략 60살쯤 되었으며, 그후 약 200살까지 살다가 세상을 떠났을 것이라고 추측하고 있습니다. 그가 한 생을 살았던 곳은 '우스' 라고 하는 땅이었습니다. 그곳은 지금의 이라크와 사우디아라비아의 국경 지대에 위치해 있는 지역입니다. 그 유적지를 중심으로 지금도 많은 고고학자들이 연구를 하고 있습니다. 그 결과 지금까지 약 300개 이상이나 되는 고대 도시의 유적들이 발견되었다고 합니다. 이런 사실로 미루어 볼 때 욥이 살았던 당시는 문명이 꽤 발달한 시대였다는 것을 알 수 있습니다.

간혹 욥을 꾸며낸 인물로 보는 성경학자들도 있습니다. 우리에게 어떤 교훈을 주기 위해 욥이라는 가공 인물을 성경에 설정해 놓았다고 보는 것입니다. 그것은 잘못된 견해입니다. 욥은 분명히 역사적 인물입니다. 그는 실제로 생존했던 사람입니다. 하나님이 에스겔 14장 14절을 통해 증명해 주십니다. "비록 노아, 다니엘, 욥 이 세 사람이 거기 있을지라도 그들은 자기의 의로 자기의 생명만 건지리라 나 주 여호와의 말이니라." 욥이 가공인물이 아니라는 것을 이 말씀이 증거하고 있습니다. 노아와 다니엘이 역사상 실존했던 인물인 것을 우리가 의심치 않듯이 욥도 의심을 할 수 없습니다.

욥기는 매우 이해하기 어려운 성경 가운데 하나로 불리웁니다. 그러나 욥기는 고금을 막론하고 많은 성도들에게 지대한 영향을 끼쳐 왔습니다. 우리는 욥기를 통해서 하나님이 기뻐하시고 사랑하시는 사람은 어떤 사람인가를 배울 수 있습니다. 또 하나님의 사랑과 복을 받으려면 어떤 마음가짐을 가지고 인생을 살아가야 하는지를 배울 수 있습니다. 욥기를 펴서 읽을 때마다 하나님이 주시는 삶의 지혜를 발견할 수 있습니다.

신앙 인품과 경건

욥은 참으로 위대한 신앙의 사람이었습니다. 신앙의 인물을 평가할 때에 가장 중요한 기준이 되는 것은 하나님이 그를 어떻게 보시느냐 하는 것입니다. 성경에는 수많은 인물이 등장하고 있습니다. 그 가운데 하나님이 사단 앞에서 그 사람 됨됨이를 두 번이나 칭찬하신 예가 욥 말고 또 있는지 모르겠습니다. 하나님이 욥을 얼마나 자랑스럽게 생각하셨으면 사단 앞에서 그를 두 번이나 칭찬하셨겠습니까? "여호와께서 사단에게 이르시되 네가 내 종 욥을 유의하여 보았느냐 그와 같이 순전하고 정직하여 하나님을 경외하며 악에서 떠난 자가 세상에 없느니라"(1:8). 2장 3절에도 똑같은 내용의 말씀이 나옵니다.

하나님은 욥의 신앙 인품을 일컬어서 '순전하고 정직하다'고 말씀하십니다. 또 그의 경건한 삶을 일컬어서 '하나님을 경외하며 악에서 떠난 사람'이라고 말씀하고 계십니다. 욥은 순전하고 정직한 신앙 인품을 가지고 있었습니다. 그는 하나님을 두려워하며 악을 멀리하는 경건한 생활을 했습니다. 하나님이 이와 같이 욥을 인정해 주셨던 것입니다.

여기에 나오는 '순전하다' 와 '정직하다' 는 말을 굳이 구별할 필요는 없을 것 같습니다. 용어는 다르지만 대동소이한 의미로 볼 수 있습니다. 욥기는 대단히 차원 높은 시로 되어 있습니다. 우리말 성경에는 산문처럼 표현되어 있지만 원문을 보면 수준 높은 운문체로 되어 있습니다. 욥기 문체는 화려한 시구로 되어 있어서 시편, 잠언서와 같이 유사어구를 병행시켜서 같은 의미를 반복하기도 하고 강조하기도 합니다.

시편 37장 37절을 보면 "완전한 사람을 살피고 정직한 자를 볼지어다." 라고 기록되어 있습니다. 완전한 사람과 정직한 사람이 서로 대칭을 이루어 내용을 강조하고 있는 것을 볼 수 있습니다. '순전하고 정직하다' 는 말도 이와 같은 맥락에서 이해할 수 있다고 봅니다.

성경은 욥의 신앙과 인격을 한 마디로 '순전하고 정직하다' 고 표현하고 있습니다. 이 말은 심도 깊은 의미를 담고 있습니다. 이 말은 욥이 전혀 죄를 짓지 않았다는 의미가 아닙니다. 그런 사람은 이 세상에 없습니다. 그런데 왜 그를 순전하고 정직한 사람이라고 말하고 있을까요? 하나님을 높이고 사랑하는 그의 마음가짐이 시종일관 순수했다는 말입니다. 그의 마음이 끝까지 오염되지 않았고 변함이 없었다는 말입니다. 마음을 꿰뚫어 보시는 하나님께서 욥의 그런 점을 보시고 순전하고 정직한 사람이라고 말씀하시는 것입니다. 욥은 항상 하나님을 제일로 여기는 마음 자세를 가지고 있었습니다. 그렇기 때문에 시종일관 하나님을 경외하면서 악한 것을 가까이 하지 않는 경건한 생활을 할 수 있었던 것입니다.

그러면 욥이 그처럼 하나님을 높이고 사랑한 사람이라는 것을 어디서 증명할 수 있습니까? 본문은 두 가지 사실을 통해 이 점에 대해 증거하고 있습니다. 첫째로 그의 부(富)와 관련해서 살펴볼 수 있습니다. 욥은 굉장한 갑부였습니다. 본문 3절은 한 마디로 그를 이렇게 소개합니다. "이 사람은 동방 사람 중에 가장 큰 자라." 그는 동방에 사는 사람 중에서 첫째로 손꼽는 부자였습니다. 그는 7남 3녀를 가진 다복한 가정의 가장이기도 했지만 재물 또한 아주 많았습니다. "양이 칠천이요 약대가 삼천이요 소가 오백 겨리요 암나귀가 오백이며 종도 많이 있었으니." 이것이 어느 정도의 재산을 뜻하는 것인지 우리는 잘 모릅니다. 고대 사회의 이야기라서 쉽게 감이 잡히지를 않습니다. 오늘날 소위 재벌이라는 사람들이 가지고 있는 몇 조 원의 재산 액수를 보면서 우리가 감각을 느끼지 못하는 것과 비슷합니다. 그러나 한 가지 분명한 사실은 여기에 나오는 수치를 글자 그대로 보면 안 된다는 것입니다. 성경에 나오는 3, 7, 100과 같은 숫자는 '풍부하다, 완전하다'는 의미로 쓰이는 경우가 많습니다. 실제의 숫자로 보기보다는 대단히 많은 것을 묘사하는 상징적인 의미로 볼 수 있는 것입니다. 욥은 굉장히 많은 가축들을 소유하고 있었습니다. 그것은 막대한 부를 가졌다는 말과 같습니다. 욥이 살던 당시는 소유하고 있는 가축의 숫자로 재력을 평가하던 시대였기 때문입니다.

의인이 받은 복

욥이 그와 같이 엄청난 갑부가 될 수 있었던 이유가 어디에 있었을까요? 본문에서 그 이유를 금방 찾아내기는 쉽지 않습니다. 그러나 눈을 감고 본문 내용을 깊이 생각해 보면 분명한 이유를 발견할 수 있습니다. 1절

말씀을 주목해 보십시오. 욥이 의로운 사람이라는 것을 먼저 소개하고, 이어서 그가 큰 부자라는 사실을 말하고 있습니다.

왜 하나님은 욥의 신앙 인격과 삶을 먼저 소개한 다음에 부자라는 것을 말씀하시는 것일까요? 여기에 중요한 의미가 있습니다. 욥이 갑부가 될 수 있었던 이유는 그의 의로운 생활 때문이라고 성경학자들은 해석합니다. 그가 얻은 부는 의로운 자에게 약속하신 하나님의 복이라는 것입니다.

욥이 부자가 되기를 소원했기 때문에 갑부가 된 것이 아닙니다. 하나님을 사랑하고, 하나님을 높이며, 하나님의 뜻대로 살려고 노력했기 때문에 하나님이 그에게 물질의 복을 넘치도록 부어 주신 것입니다. 의로운 자는 부자가 되는 것을 생의 목적으로 삼지 않습니다. 의롭게 살다 보면 저절로 물질의 복이 따라옵니다. 하나님이 물질의 복을 주시니까 받을 뿐입니다. 성경에는 이런 예가 많이 나옵니다. 욥의 경우도 바로 그 가운데 하나라고 할 수 있습니다.

하나님은 의인에게 재물의 복을 약속하셨습니다. 시편 112편 1, 2, 3절을 보십시오. "할렐루야 여호와를 경외하며 그 계명을 크게 즐거워하는 자는 복이 있도다 그 후손이 땅에서 강성함이여 정직자의 후대가 복이 있으리로다 부요와 재물이 그 집에 있음이여 그 의가 영원히 있으리로다." 하나님께서는 우리에게 재물의 복을 약속해 주셨습니다. 이런 의미에서 볼 때 부와 형통은 본질상 선한 것이라는 것을 알 수 있습니다. 부와 형통은 순종하는 자에게 주시는 하나님의 선물입니다. 그것은 하나님이 사랑하시는 자들에게 안겨 주시는 복입니다.

가난을 미화시켜 낭만적으로 말하는 성경 말씀은 없습니다. 하나님이 가난을 적극 장려하시는 성경 구절도 없습니다. 어떤 면에서는 가난을 저주의 하나로, 심지어 죄로 보는 경우도 있습니다. 소말리아의 끔찍한 상황을 자주 보지 않습니까? 우리는 그 나라를 복받은 나라라고 말하지 않습니다. 방글라데시의 그 빈곤한 생활을 복으로 여기는 사람도 없습니다. 달동네에서 찌들리도록 가난하게 살아가는 사람들을 보고 '복받은 자여'라고 말하지 않습니다. 이것이 사실입니다. 하나님도 가난을 좋아하지 않으십니다.

그러나 우리가 꼭 알아두어야 할 사실이 있습니다. 성경에는 재물을 복으로 보지 않고 저주로 보는 말씀도 있다는 것입니다. 아모스와 이사야 시대 이스라엘 사람들은 대단히 부유한 생활을 했습니다. 그 때는 이스라엘이 경제면에서 대국을 이루고 있었습니다. 그러니까 백성들의 교만이 극에 달할 지경이었습니다. 그들은 하나님을 섬기지 않았고 복종하지도 않았습니다. 하나같이 하나님께 순종하지 않는 악인들이었습니다.

그러면서도 그들이 부유한 생활을 했던 이유는 약자의 것을 빼앗고 착취했기 때문입니다. 그 당시의 사회 구조는 빈익빈 부익부의 모순을 안고 있었습니다. 그래서 부유한 자들이 마음만 먹으면 얼마든지 돈을 끌어모을 수 있었던 것 같습니다. 아모스 2장 6, 7절을 보십시오. "여호와께서 가라사대 이스라엘의 서너 가지 죄로 인하여 내가 그 벌을 돌이키지 아니하리니 이는 저희가 은을 받고 의인을 팔며 신 한 켤레를 받고 궁핍한 자를 팔며 가난한 자의 머리에 있는 티끌을 탐내며." 이와 같은 구조적인 악이 도사리고 있는 가운데서는 의로운 자가 부를 누리기 어렵습니다. 그런 환경 속에서 잘살고 있다는 것은 죄를 많이 범했다는 말과 같습니다. 그런 부는 하나님 앞에 오히려 복이 아니고 저주입니다. 이스라엘이 망한 이유는 그들이 가난해서가 아니라 그들이 가진 막대한 재물로 인하여 망했습니다. 악인들이 누린 부가 저주가 되었기 때문에 비참하게 쓰러졌던 것입니다.

예수님은 누가복음 6장 20절에서 가난이 복이 된다고 말씀하십니다. 이것은 심령의 가난만을 이야기하는 것이 아닙니다. 물질적인 가난까지 복이라고 말씀하시는 것입니다. 마치 주님이 가난을 적극 장려하시는 것처럼 보입니다. 그러나 아닙니다. 우리는 이 말씀을 당시의 형편을 이해하면서 새겨들어야 합니다. 그 당시에는 바리새인과 같이 로마 정부와 결탁해서 자기 나라 백성을 착취하는 사람들이 잘살 수 있었습니다. 삭개오와 같이 로마 정부의 앞잡이가 되어서 양심은 제쳐 놓고 무슨 짓이라도 할 수 있는 사람들이 돈을 끌어모았던 것입니다. 반면에 하나님을 두려워하고 하나님의 말씀대로 살려고 하는 사람들은 모두 가난했습니다. 메시아가 오기만을 소망하며 사는 그 사람들은 돈을 모을 재간이 없었습니다. 양심대로 의롭게 사는 것은 곧 가난을 자청하는 일로 통했던 시절에 그들이 부자가 된다는 것은 정말 약대가 바늘귀로 들어가는 것처럼 불가능한 일이었습니다. 따라서 그와 같은 상황 속에서는 가난이 복이 됩니다. 오히려 재물을 많이 가지고 있다는 것이 저주가 됩니다. 이런 의미에서 가난한 자가 복이 있다고 말씀하시는 것입니다.

우리는 성경이 가르치고 있는 가난과 부의 개념을 정확하게 알아야 합니다. 의로운 자에게 하나님이 주시는 부는 복이요, 악한 자가 누리는 부는 저주입니다. 의롭게 살려는 사람이 도무지 재물을 가질 수 없는 상황에서는 가난이 복이 됩니다.

그러면 욥의 경우는 어디에 해당됩니까? 욥이 살던 고대 사회에 오늘과 같은 구조적인 악이 있었을까요? 그렇게 볼 수는 없습니다. 하나님을 경외하고 하나님의 뜻대로 살려고만 하면 얼마든지 복을 받을 수 있는 여건이었다고 할 수 있습니다. 욥은 자기의 순전하고 정직한 삶을 통해서 하나님으로부터 물질의 복을 받았습니다. 그의 부요는 의로운 생활에 대한 하나님의 보상이었던 것입니다.

욥의 위대함은 재물의 복을 받았다는 데만 머물지 않습니다. 그는 어떠한 경우라도 믿음이 변하지 않았습니다. 아무리 재산이 많아도 그것이 하나님을 사랑하는 그의 마음을 추호도 변질시키지 못했습니다. 막대한 재산이 있었지만 그것이 하나님을 향한 자기 마음을 오염시키지 못하도록 욥은 끝까지 자신을 지켰습니다. 이것이 그의 믿음을 더욱 돋보이게 하는 것입니다. 우리는 이 사실을 욥기 23장 12절을 가지고 증명할 수 있습니다. "내가 그의 입술의 명령을 어기지 아니하고 일정한 음식보다 그 입의 말씀을 귀히 여겼구나." 욥이 얼마나 하나님을 높이고 사랑한 사람이었습니까? 그는 하나님의 입에서 떨어지는 말씀을 매일 먹는 음식보다, 매일 먹고 즐기는 것보다 더 앞세웠다고 했습니다.

욥기 31장 24, 25절을 보면 더 기가 막힌 말씀이 나옵니다. "내가 언제 금으로 내 소망을 삼고 정금더러 너는 내 의뢰하는 바라 하였던가 언제 재물의 풍부함과 손으로 얻은 것이 많음으로 기뻐하였던가."라고 고백합니다. 그의 심정을 한번 헤아려 보십시오. 그는 자기가 모아놓은 금덩어리를 앞에 놓고 '너만 있으면 내가 살 수 있어'라고 생각한 적이 한번도 없었다는 것입니다. 그는 창고에 가득 쌓아 놓은 재물을 보면서, 또 들판을 가득 덮고 있는 양떼들을 바라보면서 '저것이 있는 이상 나는 안전해'라고 한번도 기뻐한 적이 없었다는 것입니다. 아무리 재물이 많아도 그의 마음을 사로잡고 있는 것은 하나님 한 분밖에 없었습니다. 그의 관심은 오직 하나님 한 분께로만 쏠려 있었습니다. 그가 얼마나 순전하고 정직한 사람이었나 하는 것을 잘 알 수 있습니다.

욥은 자기의 부를 관리하는 면에 있어서도 순전하고 정직함이 그대로 드러났습니다. 돈은 벌기보다 잘 쓰기가 어려운 법입니다. 돈 버는 데는 지혜롭지만 쓰는 데는 바보 같은 사람이 우리 사회에 너무 많습니다. 그러나 욥은 버는 데도 지혜자요, 쓰는 데도 의로운 사람이었습니다.

욥기 31장을 보면 기가 막힌 말씀이 또 하나 나옵니다. "내가 언제 가난한 자의 소원을 막았던가 과부의 눈으로 실망케 하였던가 나만 홀로 식물을 먹고 고아에게 먹이지 아니하였던가 실상은 내가 젊었을 때부터 고아를 기르기를 그의 아비처럼 하였으며 내가 모태에서 나온 후로 과부를 인도하였었노라 내가 언제 사람이 의복이 없이 죽게 된 것이나 빈궁한 자가 덮을 것이 없는 것을 보고도 나의 양털로 그 몸을 더웁게 입혀서 그로 나를 인하여 복을 빌게 하지 아니하였던가"(31:16~20). 하나님이 그에게 막대한 재물을 주신 이유는 욥 혼자서 호의호식하며 즐기라고 주신 것이 아닙니다. 욥은 자기의 도리를 분명히 아는 사람이었습니다. 하나님이 기뻐하시는 일을 하도록 하기 위해 자기에게 재물을 주신 것이라고 그는 믿었습니다. 그래서 많은 재물을 흩어서 가난한 자들을 위해 쓰고 그들을 돌보며 살았던 것입니다. 이것을 보면 욥이 얼마나 순전하고 정직한 사람이며 악을 떠난 사람이었던가를 잘 알 수 있습니다.

그뿐만이 아닙니다. 욥의 순전함은 재산을 다 잃어버린 다음에도 변함이 없었습니다. 욥은 한순간에 모든 것이 다 날아가 버리는 비극을 당한 일이 있습니다. 그때에도 그는 흔들리지 않았습니다. "가로되 내가 모태에서 적신이 나왔사온즉 또한 적신이 그리로 돌아가올지라 주신 자도 여호와시요 취하신 자도 여호와시오니 여호와의 이름이 찬송을 받으실지니이다 하고 이 모든 일에 욥이 범죄하지 아니하고 하나님을 향하여 어리석게 원망하지 아니하니라"(1:21, 22).

그의 순전하고 정직함은 부를 얻는 데서도 입증이 되었고, 부를 누리는 데에서도 입증이 되었고, 부를 잃어버리는 데서도 입증이 되었습니다. 재물을 잃어버렸다는 것이 그의 신앙에 조금도 나쁜 영향을 주지 못했습니다. 그는 어떤 경우라도 하나님을 경외하고 악을 멀리하는 경건생활을 할 수 있었습니다. 그런 욥을 일컬어서 순전하고 정직한 사람이라고 말하는 것입니다.

요즈음 우리 사회는 구조적으로 잘못되어 있어서 정직한 사람이 돈을 벌기 어려운 것이 사실입니다. 어떤 면에서는 악한 부자가 많다고 할 수 있습니다. 많은 사람들의 부가 복이 아니라 오히려 저주로 보이는 것을 부인할 수 없는 실정입니다. 그러나 분명히 확신을 가지고 말할 수 있는 것은 하나님 앞에서 의롭게 살려고 노력하는 자에게는 아직도 설 땅이 남아 있다는 것입니다. 우리도 욥처럼 하나님을 경외하고 악에서 떠난 생활에 힘쓰면 물질의 복을 받을 수 있습니다. 성실하게 부지런히 일하기만 하면 하나님이 우리에게 수고의 대가로 물질의 복을 안겨 주신다고 저는 믿습니다. 이런 의미에서 의로운 부자들이 많이 나왔으면 좋겠습니다. 오늘날 아까운 재물이 너무나 좋지 못한 사람들의 손에 많이 가 있는 것 같습니다. 욥처럼 바로 쓰고 하나님께 영광 돌릴 수 있는 사람들이 많이 나왔으면 좋겠습니다.

우리는 어떤 환경에서도 물질 때문에 신앙이 변질되고 마음이 흔들리는 사람이 되어서는 안 됩니다. 그래야 하나님이 복을 주십니다. 웨슬리는 "할 수 있는 대로 벌어라. 할 수 있는 대로 아껴라. 할 수 있는 대로 남에게 주라."고 했습니다. 그렇게 하려면 우리 모두가 욥을 본받아 의롭게 살아야 할 것입니다.

특별한 자녀교육

욥은 참으로 순전하고 정직한 신앙 인격의 소유자였습니다. 우리는 이것을 그의 가정생활에서도 엿볼 수 있습니다.

"그 아들들이 자기 생일이면 각각 자기의 집에서 잔치를 베풀고 그 누이 셋도 청하여 함께 먹고 마시므로 그 잔치 날이 지나면 욥이 그들을 불러다가 성결케하되 아침에 일어나서 그들의 명수대로 번제를 드렸으니 이는 욥이 말하기를 혹시 내 아들들이 죄를 범하여 마음으로 하나님을 배반하였을까 함이라 욥의 행사가 항상 이러하였더라"(1:4, 5). 그에게는 7남 3녀의 자녀가 있었습니다. 그 아들 딸들이 장성해서 각자 생일이 되면 형제들을 자기 집에 초청했나 봅니다. 부유한 생활을 했으니까 그 잔치가 얼마나 풍성했겠습니까? 밤새도록 먹고 마시고 춤추고 좋아했겠지요? 자녀가 10남매였으니 아마 한 달에 한 번 꼴로 잔치가 열렸을 것이라 생각됩니다. 그리고 그 외에 특별한 행사 때에도 많은 잔치를 했으리라 봅니다. 그렇게 자녀들이 풍요로운 생활을 누렸는데 아버지 되는 욥이 그때마다 어떤 행동을 했느냐 하는 것이 중요합니다. 욥은 잔치가 끝나면 그 다음날 10남매를 불러 놓고 자녀 수만큼 열 번의 제사를 드렸습니다.

그는 자녀 한 사람, 한 사람을 위해서 재물을 준비했습니다. 그리고 자기가 제사장이 되어서 자녀들을 위해 차례로 번제를 드렸습니다. 번제는 하나님께 자기 죄를 고백하고 용서받는 제사요, 자기 자신을 하나님께 드리는 제사입니다. 가장 오래된 제사 형태입니다. 욥은 가정의 제사장이었습니다. 아들들이 그렇게 장성했지만 그들에게 제사를 맡기지 않고 손수 제사를 지냈습니다. 그것도 한 번이 아니라 때마다 그렇게 했다고 합니다. 5절 마지막 부분에 "욥의 행사가 항상 이러하였더라."고 기록하고 있습니다.

욥은 자기 혼자 의로운 자가 되기를 원하지 않았습니다. 전 가족이 다 함께 하나님을 높이고 사랑하기를 원했습니다. 욥의 이러한 행동은 하나의 차원 높은 교육 방법이라고 할 수 있습니다. 그는 자녀들에게 "너 잔치하면서 죄짓지 않았니?" 하고 따지지 않았던 것 같습니다. 잔치하는 그 자리에서 자녀들이 무슨 나쁜 짓을 하는지 감시하지도 않았습니다. 욥은 자녀들에게 이래라 저래라 하고 무조건 명령하면서 성장한 자녀들을 자기 기분대로 다루는 아량 없는 아버지가 아니었던 것 같습니다. 그는 재미없는 금욕주의자도 아니었고 융통성 없는 경건파도 아니었습니다. 만약 그랬다면 자녀들이 수시로 잔치를 벌이도록 내버려두지 않았을 것입니다.

그러나 잔치가 끝난 다음에 욥은 반드시 자녀들을 불러모아 제사를 드렸습니다. 자녀 수가 많았으므로 제사를 다 지내려면 아마 많은 시간이 소요되었을 것입니다. 그런 과정에서 자녀들이 마음속으로 무엇을 배우고 무엇을 느끼고 무엇을 생각했을까 하는 것이 중요합니다. "너희는 행동으로 하나님 앞에 무슨 죄를 범하지 않았을지 모르지만 잔치하면서 즐기다 보면 마음으로 하나님을 무시하고 잘못된 생각을 할 수 있는 법이다. 하나님은 그렇게 마음속에 숨겨져 있는 죄까지도 좋아하시지 않으니까 내가 너희들을 대신하여 제사 지내는 것이다. 아무리 먹고 마시며 즐기는 일이 아름답다 할지라도 우리의 생에 있어서 가장 중요한 분은 하나님이시란다. 하나님을 높이고 하나님을 사랑해야 한다."는 웅변적인 교훈을 욥은 행동으로 보여 주었던 것입니다. "우리 아버지는 정말 하나님을 두려워하는 분이시구나. 우리 아버지는 마음으로 죄짓는 것까지도 하나님 앞에서는 악이라고 보시는 분이야. 잔치할 때 자칫하면 마음으로 범죄하기 쉽다는 것을 가르쳐 주시는 것이야." 욥의 자녀들은 아버지로부터 그렇게 배웠던 것입니다.

   욥은 자기가 어떤 심정로 하나님을 섬기며 살고 있는 사람인가를 자녀들에게 무언 중에 행동으로 보여 주었습니다. 그는 무엇을 하든지 항상 하나님을 경외하고 그분을 기쁘게 해야 한다는 교훈을 자녀들의 가슴속에 깊이 심어 주었습니다. 그리고 그것을 한두 번 실천하고 끝낸 것이 아니었습니다. 시종일관 규칙적으로 했습니다. 자녀들의 눈에 비치는 아버지의 신앙과 삶이 끝까지 변함이 없었다는 말입니다.

   욥은 위대한 신앙의 인물이었고, 위대한 가정의 제사장이었습니다. 우리는 이것을 배워야 합니다. 오늘날, 돈은 많이 벌어 부자가 되었지만 불행하게도 자식을 희생시킨 부모가 많습니다. 자녀들을 풍요병의 희생자로 만든 것입니다. 더 기가 막힌 사실은 돈을 벌자 부모의 신앙이 병들기 시작했고, 자녀들은 하나님보다도 돈을 더 앞세우는 세상적인 가치관에 빠져 들었다는 것입니다. 정신없이 돈 버느라 자녀를 돌보지 못하고, 돈을 많이 번 다음에는 그것을 즐기는데 바빠 자녀를 돌보지 못하는 부모가 적지 않습니다.

1930년대만 해도 미국 사회에서는 아버지가 자녀들과 함께 대화를 나누는 시간이 하루에 적어도 3시간 내지 4시간 정도 되었다고 합니다. 그러나 1980년대는 아버지가 자녀들과 함께할 수 있는 시간이 하루에 겨우 14분 30초 정도라고 합니다. 게다가 14분 중에 12분은 자녀들에게 일방적으로 잔소리를 하거나 훈계하는 것으로 보내 버리는 예가 많다고 합니다. 자녀들에게 무언가 감동을 줄 만한 아버지의 모습과는 거리가 먼 것입니다.

오늘 우리는 어떻습니까? 당신은 욥처럼 자신의 신앙과 경건한 삶을 자녀들에게 모범으로 보여 주고 있습니까? 그렇지 못하다는 것이 우리 모두의 고민이 아닌가 합니다. 당신은 혹시 자녀들의 탈선을 돈으로 해결하려고 드는 못된 부모가 된 적은 없습니까? 우리 모두 자신을 한번 돌아보는 시간을 가져야 하겠습니다.

당신의 자녀 교육은?

저는 본문 말씀을 읽으면서 가책을 많이 받았습니다. '나는 과연 이렇게 실천하고 있는가?' 하는 물음 앞에서 고개를 들 수가 없었습니다. 역설적으로 들릴지 모르지만 예수 믿는 사람 가운데 자녀 교육 하기가 가장 힘든 사람이 아마 목사가 아닌가 생각합니다. 아무리 경건하고 좋은 일이라고 해도 그것이 직업으로 느껴질 때는 메마르기 쉽습니다. 아버지의 직업상 당연히 그렇게 해야 된다고 생각하면 자녀들의 마음에 뭉클하게 감동적으로 와서 닿기가 어렵습니다. 그래서 목사 집안의 아이들이 잘못되기 쉽다고 말하는 것입니다.

그러나 욥의 가정을 보십시오. 그는 때마다 10남매를 위해 차례로 제사를 지냈습니다. 그것은 보통 힘든 일이 아닙니다. 가령 닭 한 마리를 잡는다고 생각해 보십시오. 얼마나 힘이 드는가. 손수 양을 끌고 와서 잡아서 제사 지내는 욥의 모습을 상상해 보십시오. 얼마나 자녀들을 소중히 여기는 아버지의 모습입니까? 자녀들이 하나님 앞에 바로 사는 것을 우선순위에 두고 생각하는 아버지입니다. 행동으로 교훈하고 있습니다. 시종여일하게 자녀들 앞에 경건한 모습으로 감화를 줍니다.

이런 면에서 볼 때 가정예배는 정말 중요합니다. 가정예배가 바로 번제입니다. 자녀들이 마음으로 혹시나 죄를 짓지 않았을까 두려워하면서 부모가 자녀들을 대신해서 하나님 앞에 회개하는 자리입니다.

우리는 욥처럼 자식들을 위해 무언가 행동으로 보여 주는 부모가 되어야 합니다. 순전하고 정직한 신앙 인격과 하나님을 두려워하고 악에서 떠난 경건한 삶을 자녀들에게 가르치는 부모가 되어야 합니다. 시종여일한 삶의 태도를 자녀들에게 조용히 심어 줄 수 있는 부모가 되어야 합니다.

자녀들에게 인간의 행복이 돈에 있지 않다는 것을 무엇으로 보여 줄 수 있습니까? 우리에게 중요한 것은 재물이 아니라 하나님을 기쁘게 하는 것이라는 사실을 무엇으로 보여 줄 수 있습니까?

욥의 자녀들이 훗날에 자기 부모를 회상할 때 어떤 모습이 떠올랐을까요? "우리 아버지는 잔치만 하고 나면 찾아오셔서 말없이 제물을 제단에 올려 놓고 나를 위해 제사를 지내셨어. 그것은 나에게 대단히 중요한 교훈이었어. 우리 아버지는 정말 하나님을 경외하는 분이셨어." 아마 이런 생각이 그들의 마음을 사로잡았을 것입니다.

먼 훗날 당신의 자녀들이 자기 부모를 회상할 때 어떤 인상이 마음에 남을 것인가 생각해 보십시오. 하나님을 제일 사랑하던 사람으로 남을까요? 아니면 하나님을 끔찍이 미워하고 싫어하던 사람으로 남을까요? 재물이 아무리 많아도 거기에 눈 돌리지 않고 평생 하나님 때문에 기뻐하고 만족하던 아버지로 인상이 남는다면 얼마나 좋겠습니까? 만약 그렇게만 된다면 그 사람의 자녀 교육은 성공한 것입니다. 그러나 항상 "돈! 돈! 돈!"하던 사람이라고 기억된다면 이것이야말로 비극 중의 비극입니다.

우리는 욥을 통해서 특별한 교훈을 받았습니다. 우리도 욥처럼 순전하고 정직하여 하나님을 경외하며 악에서 떠난 사람이 되어야 합니다. 욥처럼 말없이 행동으로 자녀들의 가슴에 깊은 인상을 심어 주는 부모가 되어야 합니다.

사단의 존재를 의식하는 신앙생활

하루는 하나님의 아들들이 와서 여호와 앞에 섰고
사단도 그들 가운데 왔는지라
여호와께서 사단에게 이르시되 네가 어디서 왔느냐
사단이 여호와께 대답하여 가로되 땅에 두루 돌아 여기저기 다녀왔나이다
여호와께서 사단에게 이르시되 네가 내 종 욥을 유의하여 보았느냐
그와 같이 순전하고 정직하여 하나님을 경외하며 악에서 떠난 자가 세상에 없느니라
사단이 여호와께 대답하여 가로되 욥이 어찌 까닭 없이 하나님을 경외하리이까
주께서 그와 그 집과 그 모든 소유물을 산울로 두르심이 아니니이까
주께서 그 손으로 하는 바를 복되게 하사 그 소유물로 땅에 널리게 하였음이니이다
이제 주의 손을 펴서 그의 모든 소유물을 치소서 그리하시면 정녕 대면하여 주를 욕하리이다
여호와께서 사단에게 이르시되 내가 그의 소유물을 다 네 손에 붙이노라
오직 그의 몸에는 네 손을 대지 말지니라
사단이 곧 여호와 앞에서 물러가니라(욥기 1:6~12).

우리를 못살게 구는 마귀가 있는데도, 잠자듯이 힘 없는 신앙생활을 할 수 있습니까? 사단을 의식하며 신앙생활을 하는 사람은 절대로 형식적인 신앙생활을 할 수 없습니다.

예수 믿는 사람은 평생 신앙생활을 해야 합니다. 그래서 우리는 어떻게 하면 신앙생활을 좀더 기쁘게, 또 흔들림 없이 할 수 있을까 하고 자주 생각을 하게 됩니다. 능력 있고 패기 있는 신앙생활을 하기 위해서는 반드시 알아야 할 것이 하나 있습니다. 사단의 존재와 그 활동에 관한 것을 아는 일입니다. 우리 주변에는 사단의 존재를 지나치게 과대포장하여 신앙생활을 마치 귀신을 쫓는 푸닥거리처럼 생각하는 사람이 없잖아 있습니다. 또 한편에서는 예수 그리스도가 이미 사단을 정복했으니 신경쓸 것이 없다는 식으로 지나치게 낙관주의에 빠져 있는 사람도 있습니다. 둘 다 잘못된 태도입니다. 서로가 양극단으로 치우쳐 버린 것을 알 수 있습니다.

마틴 로이드 존스라고 하는 유명한 설교가가 이런 말을 했습니다. "사단의 간교한 궤계(詭計) 가운데 하나는 성도들이 자신을 존재하지 않는다고 믿도록 하는 것이다." 그가 옳은 지적을 했다고 생각합니다. 우리는 사단을 지나치게 무서워해도 안 되고 그렇다고 아주 무시해서도 안 됩니다. 눈만 뜨면 "귀신아 물러가라" 하는 그런 사람들이 있습니다. 그러나 그것은 절대 옳은 태도가 아닙니다. 그 반면에 사단에 대해 너무 무신경한 사람도 많습니다. 이런 사람은 쉽게 사단의 함정에 빠질 수 있습니다. 자기도 모르게 마귀의 궤계에 빠질 수 있는 것입니다. 사단은 우리에게 마치 자기가 존재하지 않는 것처럼 얼마든지 궤계를 부릴 수 있습니다. 다시 말씀드리지만 사단을 너무 과대평가해서도 안 되고 너무 과소평가해서도 안 됩니다. 우리는 사단에 대해 바로 알아야 합니다. 성경말씀이 가르쳐 주는 대로 정확하게 알고 대처해야 합니다. 또한 사단의 모든 궤계를 꿰뚫어 보고 미리 대적할 줄 아는 능력을 키워야 합니다. 이것이 우리가 신앙생활을 바로 할 수 있는 길입니다.

난해한 말씀

욥기 본문은 매우 이해하기 어려운 내용입니다. 마치 하늘나라에서 공연되고 있는 신비스러운 드라마를 보는 것 같은 느낌을 줍니다. 마치 하늘 보좌에서 하나님이 사단하고 인터뷰를 하고 계시는 것 같은 장면을 보고 있으니 말입니다. 하나님이 어떻게 사단을 대면하여 말씀하실 수 있을까? 이 모두가 우리의 궁금증을 증폭시킬 만한 소지를 안고 있습니다. 의문을 제기하면 할수록 끝없이 빠져들 것만 같은 이야기입니다. 이와 같이 난해한 본문에서는 만족할 만한 설명을 기대하지 않는 것이 좋습니다. 시원한 대답을 요구하는 것은 금물입니다. 초자연적인 세계에서 일어나고 있는 일에 대해서는 부분적으로 아는 것으로 만족해야 합니다. 이 본문은 우리가 이해하기 쉽도록 인간적인 표현으로 바꾸어서 묘사하고 있는 것이 틀림없습니다. 그러므로 지나친 호기심을 가지고 접근하면 위험합니다. 하나님이 보여 주시는 그 정도에서 만족하는 편이 옳습니다.

성경에는 이와 비슷한 이야기가 몇 군데 나옵니다. 그중에서 스가랴 3장을 들 수 있습니다. "대제사장 여호수아는 여호와의 사자 앞에 섰고 사단은 그의 우편에 서서 그를 대적하는 것을 여호와께서 내게 보이시니라"(슥 3:1). 대제사장 여호수아가 하나님의 사자 앞에 서 있는데 사단이 와서 그를 계속 공격하고 대적하는 장면입니다. 이것은 욥기에 나오는 장면과 비슷합니다. 그리고 누가복음 22장 31절을 들 수 있습니다. "시몬아

시몬아 보라 사단이 밀 까부르듯 하려고 너희를 청구하였으나." 예수님이 십자가에 못박히시기 전에 제자들에게 중요한 사실을 실토하신 적이 있습니다. 사단이 가룟 유다를 자기 것으로 만드는 데 성공하자 의기양양해서 주님을 찾아와 나머지 제자들도 다 내놓으라고 공갈을 친 것입니다. 이때 주님은 거절하시고 제자들을 위해 기도했다고 말씀하신 것입니다. 이 모든 이야기들이 모두 우리가 정확하게 설명하기 어려운 것들입니다.

사단이 누구입니까? 우리는 성경이 가르쳐 주는 범위 안에서 알면 됩니다. 그는 하나님이 만드신 피조물이요 자기 지위를 지키지 아니하고 자기 처소를 떠난 천사입니다. 또 그는 범죄한 천사입니다. "하나님이 범죄한 천사들을 용서치 아니하시고 지옥에 던져 어두운 구덩이에 두어 심판 때까지 지키게 하셨으며"(벧후 2:4).

사단은 처음부터 살인자요 거짓말쟁이입니다. 예수님이 요한복음 8장 44절에서 그렇게 가르쳐 주셨습니다. "너희는 너희 아비 마귀에게서 났으니 너희 아비의 욕심을 너희도 행하고자 하느니라 저는 처음부터 살인한 자요 진리가 그 속에 없으므로 진리에 서지 못하고 거짓을 말할 때마다 제 것으로 말하나니 이는 저가 거짓말쟁이요 거짓의 아비가 되었음이니라." 사단이라는 말은 히브리어로 '대적하는 자'라는 뜻입니다. 신약성경에서는 사단의 이름이 다양하게 쓰이고 있습니다. 시험하는 자, 바알세불, 원수, 악한 자, 벨리알, 대적, 마귀, 큰 용, 거짓의 아비, 살인자, 귀신, 모든 악령의 두목, 이렇게 갖가지 이름을 가진 것이 사단입니다. 그 이름만 보아도 사단이 어떤 존재라는 것을 가히 짐작할 수 있습니다. 그만큼 그 이름이 담고 있는 뜻은 간교하고 악랄한 것입니다.

하나님을 대적하는 사단

사단이 생명을 걸고 하는 일은 하나님을 대적하는 것입니다. 하나님을 대적하기 때문에 하나님을 공경하는 성도를 대적합니다. 사단은 하나님의 나라를 이루지 못하도록 간교하게 방해합니다. 이것이 사단이 밤낮없이 하는 일입니다. 이를 위해 사단은 예수님을 시험했고 유대인들을 선동했으며 가룟 유다를 끌어들여 종국에는 예수 그리스도를 십자가에 못박았습니다. 그리고 예수 믿는 사람들을 무참하게 핍박했습니다. 사단은 거짓으로 하나님의 진리를 거역했고 흑암으로 빛을 가리웠으며 인간의 마음을 혼미케 만들어 논쟁과 싸움을 하도록 선동했습니다. 사단은 이 모든 일을 통해서 하나님 나라를 방해하고 인류를 자기와 함께 영원한 멸망으로 끌고 가려고 했습니다. 하나님은 세상을 구원하시려고 하는데 사단은 끝까지 세상을 멸망시키려고 온갖 수단을 다 부렸습니다. 지금도 달라진 것은 하나도 없습니다. 하나님이 하고자 하시는 일을 끝까지 방해하는 것이 그의 계략이요, 그의 최대 목표입니다. 이 사실을 우리가 명심해야 합니다.

그러므로 능력 있는 신앙생활을 하려면 사단의 정체를 바로 알아야 합니다. 너무 순진하면 당할 수밖에 없습니다. 우리는 본문에서 사단에 대해 대단히 중요한 사실을 추리해 낼 수 있습니다. 그것을 대략 다섯 가지로 나누어 정리해 볼 수 있습니다.

첫째로, 사단이 주기적으로 하나님 앞에 불려 들어가는 것이 아닌가 하는 추측을 할 수 있습니다. "하루는 하나님의 아들들이 와서 여호와 앞에 섰고 사단도 그들 가운데 왔는지라"(6절). 이 내용을 보면 사단이 주기적으로 아니면 가끔씩 하나님 앞에 불려 들어가는 것 같습니다. 사단이 하나님 앞에 설 수 있는 특권이 있다는 의미가 아닙니다. 그 영광스러운 빛 앞에 어두움의 권세인 사단이 감히 선다는 것은 상상할 수가 없습니다. 이 세상에서 빛과 어두움은 공존하지 못합니다. 빛이 오면 어두움은 물러가게 되어 있습니다. 의의 왕이신 하나님 앞에 감히 사단이 설 수는 없습니다. 하나님이 사단더러 나오라고 명령하시니까 거역할 수가 없어 할 수 없이 대령한 것이지 스스로 주님의 존전에 드나들 수는 없는 것입니다. 만약 그것이 사실이라면 사단의 입장에서는 굉장한 고역이 되었을 것이 틀림없습니다. 죽기보다도 더 싫은 지옥의 고문이 되었을지도 모릅니다. 하나님 앞에 꼼짝 못하고 서 있는 사단을 한번 상상해 보십시오. 이것이 우리에게 교훈하는 것은 무엇입니까? 사단 역시 하나님의 지배 아래 있다는 사실입니다. 사단의 역할 역시 하나님의 선하신 뜻을 이루는 수단으로 사용되고 있다는 것입니다. 사단은 하나님의 명령 앞에서는 꼼짝 못하는 존재입니다. 하나님이 명령하시는 대로 따라야 하는 자입니다. 이런 사실을 분명히 아는 사람은 사단 앞에서 떨지 않습니다. 용기백배하고 담대할 수 있습니다.

둘째로, 사단은 하나님이 사랑하시고 기뻐하시는 자를 질시하여 악의에 찬 모함을 한다는 것을 알 수 있습니다. 하나님이 욥을 칭찬하셨습니다. "여호와께서 사단에게 이르시되 네가 내 종 욥을 유의하여 보았느냐"(8절). 욥을 지나가면서 슬쩍 보지 않고 찬찬히 지켜 보았느냐고 물으십니다. 얼마나 하나님께서 욥을 기뻐하시며 대견하게 여기셨는가를 이 말씀 속에서 읽을 수 있습니다. 하나님이 욥을 너무 감싸 주시니까 사단이 참지 못하는 것입니다. "하나님, 그게 아닙니다. 하나님이 생각하신 것은 잘못된 거예요. 욥이 그만큼 순진한 것이 절대 아니에요. 입에 맞는 뭐가 있으니까 그러는 것이지 무조건 하나님을 잘 섬긴다고 생각하세요? 그렇지 않아요. 하나님이 잘못 보신 거예요." 하고 악의에 찬 모함을 했습니다.

우리가 신앙생활을 흐리멍텅하게 하면 사단, 마귀는 별로 신경을 안 씁니다. 만약 교회 다닌다고 하는 사람이 몇 주가 지나도록 성경 한번 안 읽고 기도도 한번 안 한다면 마귀는 좋아서 춤을 춥니다. 마귀는 그런 사람에게는 손을 대지 않습니다. 그 사람이 하는 대로 내버려둡니다. 그러나 성경을 열심히 읽기 시작하고 기도하는 것을 보면 마귀는 안절부절못해 어쩔 줄 몰라 합니다. 어떻게 하면 그 일을 하지 못하게 할까 하고 온갖 계략을 다 꾸밉니다. 우리 마음속에 하나님을 사랑하는 마음이 뜨거워지면 마귀는 온갖 술책을 동원해 훼방을 놓습니다.

마귀는 하나님 앞에서 밤낮 우리를 참소(讒訴)하는 자입니다. "이제 우리 하나님의 구원과 능력과 나라와 또 그의 그리스도의 권세가 이루었으니 우리 형제들을 참소하던 자 곧 우리 하나님 앞에서 밤낮 참소하던 자가 쫓겨났고"(계 12:10). 여기에 나오는 '참소'는 남을 헐뜯어 없는 죄를 있는 죄처럼 꾸며서 고해 바치는 것을 말합니다. 이것이 참소입니다. 다른 말로는 중상모략 혹은 비방이라고 할 수 있습니다. 마귀는 우리를 향해 참소를 한두 번 하는 것으로 끝나지 않습니다. 밤낮없이 하나님 앞에서 거짓말을 합니다. 이렇게 우리를 못살게 구는 마귀가 있는데도 우리가 잠자듯이, 힘없는 신앙생활을 할 수는 없습니다. 사단을 의식하며 신앙생활을 하는 사람은 절대로 형식적인 신앙생활을 할 수 없습니다.

우는 사자같이 삼킬 자를 찾나니

셋째로, 사단은 하나님의 자녀들을 매우 어려운 궁지에 빠뜨릴 수 있다는 것입니다. 욥이 갑자기 당한 재난의 배후에는 사단이 있었습니다. 사단이 욥을 자꾸 헐뜯으니까 하나님이 그에게 몇 가지를 허용했습니다. "이제 주의 손을 펴서 그의 모든 소유물을 치소서 그리하시면 정녕 대면하여 주를 욕하리이다 여호와께서 사단에게 이르시되 내가 그의 소유물을 다 네 손에 붙이노라 오직 그의 몸에는 네 손을 대지 말지니라"(11, 12절). 하나님이 허락하신 범위 안에서 사단은 욥이 가지고 있던 모든 재산을 송두리째 날려 버렸습니다. 나중에는 몸에 병이 들어 죽음을 기다리는 처참한 상황까지 끌고 들어갔습니다. 사단은 힘이 있습니다. 능력이 있습니다. 그 손에 한번 잡히면 무서울 정도로 비참해질 수 있습니다. 에덴동산의 비극이 일어난 배후에도 사단이 있었습니다.

"여호와께서 사단에게 이르시되 네가 어디서 왔느냐 사단이 여호와께 대답하여 가로되 땅에 두루 돌아 여기저기 다녀왔나이다"(7절). 사단이 무엇하러 쉴 사이 없이 싸돌아 다닙니까? 베드로전서 5장 8절에 그 대답이 나옵니다. "너희 대적 마귀가 우는 사자같이 두루 다니며 삼킬 자를 찾나니." 사단은 돌아다니면서 삼킬 자를 찾고 있습니다. 어떻게 하면 그리스도인을 몰락의 궁지로 밀어 넣을까 하고 호시탐탐 기회를 노리는 것입니다.

이 세상에서 신앙생활을 하는 사람은 유흥가를 한밤중에 걸어가는 젊은 여성과 흡사하다고 할 수 있습니다. 밤중에 여자가 난잡한 유흥가를 지나가려면 대단한 담력이 필요합니다. 군데군데 유혹의 덫이 숨어 있습니다. 잠시라도 방심하면 무슨 일을 당할지 모릅니다. 한시도 마음을 놓을 수 없습니다. 유흥가를 젊은 여성이 지나간다는 것은 대단히 위험합니다. 한밤중이라면 더 말할 나위가 없습니다. 언제 불량배가 행패를 부릴지, 희롱을 걸어 올지 모릅니다. 정숙한 여인이라면 당연히 조심할 수밖에 없습니다. 앞만 보고 빨리 지나가야 합니다. 누가 말을 붙여 와도 응수를 하면 안 됩니다. 우리의 신앙생활도 그렇게 해야 합니다.

우리 주변에는 마귀가 파 놓은 함정이 대단히 많습니다. 조금만 틈을 보이면 사정없이 우리를 빠뜨릴 수 있습니다. 그리고 무서운 결과를 우리에게 안겨 줄 수 있습니다. 에베소서 4장 26, 27절을 보십시오. "분을 내어도 죄를 짓지 말며 해가 지도록 분을 품지 말고 마귀로 틈을 타지 못하게 하라." 분을 내고 하루종일 그 분을 풀지 못하면 마귀가 틈 탈 수 있다고 가르쳐 줍니다. 마귀로 하여금 틈을 찾지 못하게 하라고 합니다. 우리가 틈을 주지 않으려면 조그마한 감정까지도 잘 다스려서 약점이 잡히지 않도록 해야 합니다. 주위를 보면 자신의 감정을 다스리지 못해 가정에서, 사회에서 사단의 도구가 되어 버린 사람들이 많습니다.

아주 무서운 사건이 있었습니다. 피의자가 경찰에 잡히기는 했지만 정말 끔찍한 사건이었습니다. 이 모라는 사람이 구로구 시흥동에 셋방을 얻으러 아내와 함께 갔습니다. 아무리 찾아다녀도 그들이 가지고 있는 돈으로는 셋방을 구할 수 없었습니다. 부부가 허탈한 심정으로 돌아오는데 그만 부인이 짜증을 냈나 봅니다. 얼마나 마음이 심란하겠습니까? 먹고 살기도 힘든데 일 년이 멀다 하고 전셋값은 올려 주어야 하니 그 심정이 오죽 답답했을까요? 우리는 그의 마음을 충분히 짐작할 수 있습니다. 부인은 임신 9개월의 몸이었습니다. 얼마나 그 몸과 마음이 무거웠겠습니까? 그래서 남편을 따라가면서 "당신은 천만 원짜리 전세방 얻을 능력도 없어요?" 하고 투덜댔나 봅니다. 그것이 그만 남편의 자존심을 건드린 것입니다. 그렇지 않아도 열등감에 사로잡혀 있는 그에게 벌집을 쑤신 꼴이 되고 말았습니다. 남편은 격분했습니다. 자기 감정을 다스릴 수 있는 한계를 넘어 버렸습니다. 이성을 잃은 것입니다. 순식간에 그는 아내와 두 살배기 딸을 목 졸라 죽였습니다. 너무나 우발적인 행동이었습니다. 이것은 사람의 탈을 쓰고 할 수 있는 일이 아닙니다. 마귀가 하는 짓입니다. 마귀의 도구가 되면 그와 똑같은 짓을 거침없이 할 수 있습니다. 우리는 사단을 바로 알아야 합니다. 사단에게 기회를 주면 안 됩니다. 마귀가 세상 사람들만 좌지우지하는 것이 아닙니다. 우리에게도 틈만 있으면 달려듭니다. 우리는 한시도 이 사실을 잊어서는 안 될 것입니다.

사도행전 5장에 아나니아와 삽비라 부부가 나옵니다. 그들은 예수 믿는 사람들이었습니다. 그러나 그들은 자기의 소유물을 판 다음에 마음이 흔들리기 시작했습니다. 마귀가 접근해 온 것입니다. "이것을 다 내놓지 않으면 안 될까? 정말 너무 아까워…" 하고 이리저리 재는 통에 마귀가 그 마음속에 들어왔습니다. 결국 하나님을 속이고 땅값 얼마를 감추었습니다. 그러자 베드로가 그들에게 "어찌하여 사단이 네 마음에 가득하여 네가 성령을 속이고"(행 5:3)라고 말했습니다. 왜 사단이 마음에 가득하도록 문을 열어 주었느냐 하는 말입니다. 성령을 속이고 사단에게 문을 열어 준 결과 그들은 그 자리에서 급사했습니다. 너무나 비극적으로 한 생을 마친 것입니다. 예수 믿는 사람도 마귀의 유혹에 넘어가면 무서운 결과를 초래할 수 있습니다.

　넷째로, 사단은 무소부재(無所不在)하고 전지전능(全知全能)한 영물이 못 된다는 사실을 배울 수 있습니다. 무소부재하다는 말은 어느 곳에나 있다는 말입니다. 우리는 하나님을 가리켜 무소부재하신 분이라고 말합니다. 어디를 가나 하나님은 계십니다. 하나님은 온 우주에 충만하십니다. 그러나 사단은 영물이기는 하지만 그렇지 못합니다. 사단이 온 땅에 가득할 것같이 생각되지만 그렇지 않습니다. 사단이 하나님 앞에서 '여기 저기 돌아다닌다' 고 했습니다. 온 세상에 충만하다면 이러저리 돌아다닐 필요가 없습니다. 이것이 그가 무소부재한 존재가 아니라는 것을 말해 주는 것입니다.

　세계 여행을 해 보면 이 말이 진리라는 것을 알 수 있습니다. 아프리카는 아메리카에 비해서 사단의 역사가 훨씬 더 강한 것으로 보입니다. 귀신이나 악령, 갖가지 미신이 얼마나 많은지 사단이 그 지역을 좋아하여 진을 치고 있다는 것을 금방 알 수 있습니다. 한 마디로 사단의 소굴인 셈입니다. 일본에 가면 그곳이 사단이 좋아하는 곳이라는 것을 금방 느낄 수 있었습니다. 사단이 특히 심하게 역사하는 지역이 있습니다. 사찰이 많은 지역이라든지 점술가들이 많이 모여 있는 곳은 벌써 공기가 다른 것을 느낄 수 있습니다. 그러나 사단이 잘 안 가는 데가 있습니다. 하나님의 자녀들이 모여서 예배하는 곳입니다. 사단이 우리의 마음에 와서 한번 초인종을 눌러 볼 수는 있습니다. 그렇게 해놓고는 어떻게 하나 하고 눈치를 살핍니다. 하나님을 찬양하는 거룩한 가정에 사단이 함부로 쉽게 드나들지 못합니다. 그러므로 우리는 이 사실을 보고 힘을 얻어야 합니다. 사단이 아무 데나 있는 것이 아닙니다. 하나님의 영광을 위해서 살려고 노력하는 사람에게는 사단이 함부로 접근할 수 없습니다. 감히 그렇게 할 수 없는 것입니다. 사단은 절대 무소부재하지 못합니다.

그뿐 아니라 사단은 전지전능한 영물이 못 됩니다. 전지전능은 뭐든지 알고 무엇이든 다 할 수 있다는 말입니다. 하나님 외에는 전지전능한 존재가 없습니다. 사단은 전지전능한 영물이 못 되기 때문에 욥의 진심을 알아차리지 못했습니다. 욥은 하나님을 너무나 사랑했습니다. 하나님도 그것을 인정하시고 욥을 칭찬하셨습니다. 그러나 사단은 욥의 중심을 바로 파악하지 못했습니다. 사단에게는 사람의 마음을 꿰뚫어 볼 수 있는 능력이 부족합니다. 그래서 욥을 잘못 본 것입니다. 사단은 욥이 하나님께로부터 좋은 것만 받고 좋은 것만 누리니까 조건적으로 하나님을 사랑하는 것으로 생각했습니다. 사단이 욥의 중심을 몰랐기 때문에 그렇게 생각한 것입니다. 사단은 모든 것을 다 알지 못합니다. 우리가 느끼는 신령한 은혜의 맛을 사단은 알지 못합니다. 우리가 하나님을 사랑하는 그 순수한 마음을 사단이 어떻게 다 꿰뚫어 볼 수 있겠습니까? 우리가 영원한 하나님 나라를 소망하며 용기를 잃지 않고 사는 것을 사단이 어떻게 다 감지할 수 있겠습니까? 사단은 신령한 일을 전부 다 꿰뚫어 볼 수 있는 능력이 없습니다. "오직 성령의 가르치신 것으로 하니 신령한 일은 신령한 것으로 분별하느니라"(고전 2:13).

그러므로 우리는 사단이 깔보는 신앙생활을 해서는 안 됩니다. 사단이 깔보는 사람은 조건부 신앙생활을 하는 사람입니다. 마귀는 조건적으로 하나님을 사랑하는 사람을 경멸합니다. 마귀는 주님을 사랑하고 헌신하는 동기를 육적으로, 조건적으로만 해석합니다. "네가 예수 믿고 손해 본 것이 없으니까 그렇게 하나님, 하나님 하는 것 아니냐? 만약 잘되는 일이 별로 없다면 그렇지 못할 거야." 하는 식으로 예수 믿는 사람들을 봅니다. 만약 우리가 그런 사람이라면 마귀는 우리를 짓밟을 정도로 멸시할 것입니다.

저는 병 중에서 오랫동안 고통하며 괴로워하는 가운데에도 주님을 사랑하지 않은 적은 한번도 없었습니다. 여러분도 마찬가지라고 생각합니다. 주변에 중병을 앓고 있는 형제 자매들이 몇 분 계십니다. 언제 세상을 떠날지 모를 만큼 급박한 형편입니다. 그러나 그들은 하나님께 자신의 모든 것을 맡기며 기도하고 있습니다. 하나님께서 절대로 나쁜 것을 주시지 않는다는 것을 믿으면서 감사하고 있는 것입니다. 곁에서 그런 모습을 지켜 보는 사람들이 은혜를 많이 받습니다. 마귀가 그들에게 이제는 하나님을 사랑하고 섬기는 것은 그만 하라고 할지 모릅니다. 그러나 그들의 중심은 하나님께 있습니다. 우리는 영원히 죽을 수밖에 없는 나를 대신하여 돌아가신 그 놀라운 주님의 사랑을 잊지 못합니다. 그러나 사단은 우리의 마음을 정확히 읽지 못합니다. 욥의 중심을 하나님이 아셨듯이 주님이 우리의 마음을 알아주십니다. 우리는 사단이 꿰뚫어 보지 못하는 영적 자산을 가지고 있습니다. 이것으로 인하여 우리는 믿음과 소망과 사랑을 가슴에 안고 살아갑니다. 사단이 우리 마음을 잘 읽지 못한다는 것이 우리를 얼마나 기분 좋게 만드는지, 감히 넘볼 수 없는 영적 자산이 우리에게 있다는 사실이 얼마나 우리를 우쭐하게 하는지요!

다섯째, 하나님의 허락 없이는 사단이 아무 일도 할 수 없다는 것을 배울 수 있습니다. 사단은 하나님의 특별한 허락을 받아서 욥의 재산을 한

꺼번에 날렸습니다. 그러나 그것도 어디까지나 하나님이 허락하시는 범위 안에서만 가능했습니다. "여호와께서 사단에게 이르시되 내가 그 소유물을 다 네 손에 붙이노라 오직 그의 몸에는 네 손을 대지 말지니라"(12절). 재산은 다 빼앗아가도 욥의 몸은 다치지 말게 하라는 말입니다. 2장 6절을 보면 비슷한 예가 나옵니다. "여호와께서 사단에게 이르시되 내가 그를 네 손에 붙이노라 오직 그의 생명은 해하지 말지니라." 하나님은 사단이 욥의 생명을 해하지 못하게 하셨습니다. 사단이 자기 멋대로 다 할 수 있는 것은 아닙니다. 사단이 할 수 있는 영역은 제한되어 있습니다.

사단은 하나님의 자녀에 대해서는 자기 마음대로 하지 못합니다. 그것은 하나님의 섭리입니다. 자기 재산을 남이 와서 멋대로 손대도록 내버려두는 사람은 없습니다. 하나님도 마찬가지입니다. 예수 그리스도의 보배로운 피로 우리를 사셨기 때문에 우리는 그의 소유입니다. 우리는 하나님의 것입니다. 하나님께서 특별한 뜻이 있어서 우리에게 어려움을 주시지 않는 이상 사단이 우리를 절대 손대지 못합니다. 요한복음 10장 29절은 이렇게 기록하고 있습니다. "저희를 주신 내 아버지는 만유보다 크시매 아무도 아버지 손에서 빼앗을 수 없느니라." 요한일서 5장 18절은 "하나님께로서 난 자마다 범죄치 아니하는 줄을 우리가 아노라 하나님께로서 나신 자가 저를 지키시매 악한 자가 저를 만지지도 못하느니라."고 기록하고 있습니다. 하나님의 허락 없이는 사단이 나에게 손가락 하나 대지 못한다는 것을 믿으십시오. 우리는 이와 같이 기가 막힌 특권을 가지고 있습니다. 그러므로 우리는 사단에 대해 이런 사실들을 바로 알아야 합니다.

사단을 정복하신 예수 그리스도

우리는 다섯 가지 사실을 본문을 통해서 배웠습니다. 그러나 결론적으로 꼭 한 가지 감사해야 할 것이 있습니다. 그것은 예수 그리스도가 사단을 정복하셨다는 사실입니다. 예수 그리스도가 사단을 이기셨습니다. 예수 그리스도가 사단을 이기셨으므로 사단은 하늘에서 번개처럼 떨어졌습니다. "예수께서 이르시되 사단이 하늘로서 번개같이 떨어지는 것을 내가 보았노라"(눅 10:18).

하늘에서 쫓겨난 사단이 지금 세상에서 활동하고 있습니다. 그러나 그것은 어디까지나 시한부 활동에 지나지 않습니다. 주님이 재림하시는 날, 사단은 영원한 멸망의 음부로 떨어질 것입니다. 그때까지 사단은 제한된 활동을 하고 있을 뿐입니다. 우리가 때로는 사단으로부터 공격을 받을 수도 있고, 유혹을 받을 수도 있습니다. 또한 그의 위협 앞에 떨 수도 있습니다. 그러나 우리 앞에는 승리자 되신 예수 그리스도가 계십니다. 이 사실을 기억하고 믿음으로 예수님을 붙잡으십시오. 날마다 말씀과 기도로 무장하십시오. 마귀가 틈을 타지 못하도록 주의하십시오. 우리는 순간마다 사단을 대적해야 합니다. 마귀는 우리를 대적하는 원수요, 하나님을 대적하는 원수입니다. 우리를 대적하는 원수가 있기 때문에 우리가 싸워야 하는 것입니다. 사단은 어떻게 해서라도 하나님의 영광을 욕되게 하려고 합니다. 이런 사단과 싸워 이겨야 합니다. 왜냐하면 우리에게 있어서 가장 중요한 것은 하나님의 영광이기 때문입니다. 우리가 생명 걸고 해야 할 일은 이 땅에 하나님의 나라를 확장하고 예수 그리스도의 이름이 높임을 받게 하는 것입니다. 그런데 사단은 수단과 방법을 가리지 않고 이것을 막으려고 안간힘을 쓰고 있습니다. 우리의 궁극적인 관심은 구원입니다. 하나님 나라에 가서 주님과 함께 영원히 사는 것입니다. 그러나 사단은 우리가 구원받지 못하도록 온갖 수단을 다 동원하여 훼방합니다. 그러므로 우리는 마땅히 사단과 싸워 이겨야 합니다. 그러나 우리 힘으로 싸우는 것이 아닙니다. 승리자 예수 그리스도의 이름으로 싸우고 이기는 것입니다.

신앙생활을 능력 있게 하기 위해서는 사단의 존재를 의식하면서 신앙생활을 해야 합니다. 베드로 사도가 말한 것처럼 근신하고 깨어 있는 것입니다. 믿음을 굳게 하고 사단을 대적하는 것입니다. 그러면 반드시 사단을 물리칠 수 있을 것입니다. 우리는 예수 그리스도와 함께 영원히 살게 될 사람들입니다. 항상 나의 대적이 있다는 것을, 나를 참소하는 자가 있다는 것을 잊어서는 안 됩니다. 그가 아무리 힘있는 장수인 골리앗처럼 보인다 할지라도 하나님의 지배 아래 있다는 사실을 잊어서는 안 될 것입니다. 우리가 예수 이름을 가지고 대적하면 그는 절대로 우리를 이기지 못합니다. 사단에게 질질 끌려 다니는 신앙생활을 하지 맙시다. 우리는 반드시 사단을 이길 수 있습니다. 다음 말씀을 깊이 명심하십시오.

"근신하라 깨어라 너희 대적 마귀가 우는 사자같이 두루 다니며 삼킬 자를 찾나니 너희는 믿음을 굳게 하여 저를 대적하라"(벧전 5:8, 9).

"평강의 하나님께서 속히 사단을 너희 발 아래서 상하게 하시리라"(롬 16:20).

역경을 대처하는 길

하루는 욥의 자녀들이 그 맏형의 집에서 식물을 먹으며 포도주를 마실 때에
사자가 욥에게 와서 고하되 소는 밭을 갈고 나귀는 그 곁에서 풀을 먹는데
스바 사람이 갑자기 이르러 그것들을 빼앗고 칼로 종을 죽였나이다
나만 홀로 피한 고로 주인께 고하러 왔나이다 그가 아직 말할 때에 또 한 사람이 와서 고하되
하나님의 불이 하늘에서 내려와서 양과 종을 살라 버렸나이다
나만 홀로 피한 고로 주인께 고하러 왔나이다 그가 아직 말할 때에 또 한 사람이 와서 고하되
갈대아 사람이 세 떼를 지어 갑자기 약대에 달려들어 그것을 빼앗으며 칼로 종을 죽였나이다
나만 홀로 피한 고로 주인께 고하러 왔나이다 그가 아직 말할 때에 또 한 사람이 와서 고하되
주인의 자녀들이 그 맏형의 집에서 식물을 먹으며 포도주를 마시더니
거친 들에서 대풍이 와서 집 네 모퉁이를 치매 그 소년들 위에 무너지므로 그들이 죽었나이다
나만 홀로 피한 고로 주인께 고하러 왔나이다 한지라
욥이 일어나 겉옷을 찢고 머리털을 밀고 땅에 엎드려 경배하며 가로되
내가 모태에서 적신이 나왔사온즉 또한 적신이 그리로 돌아가올지라
주신 자도 여호와시요 취하신 자도 여호와시오니 여호와의 이름이 찬송을 받으실지니이다 하고
이 모든 일에 욥이 범죄하지 아니하고 하나님을 향하여 어리석지 아니하니라(욥기 1:13~22).

욥이 누리고 즐기던 모든 것이 한 순간에 날아갔습니다. 재산도, 자녀도 다 사라졌습니다. 그러나 모든 것이 다 떠나도 하나님은 남아 계셨습니다. 결국 하나님만이 그의 전부가 되었던 것입니다.

18세기에 영국에서 활동했던 위대한 복음의 일꾼 중에 탑레이디라는 목사님이 있습니다. "만세반석 열리니 내가 들어갑니다"라는 찬송가 가사를 지은 분입니다. 불행하게도 그는 폐결핵으로 38세의 젊은 나이에 세상을 떠났습니다. 그러나 그가 남긴 불후의 찬송시는 우리 믿는 성도들의 가슴을 영원토록 울려 줄 것입니다. 그가 쓴 찬송시 중에 우리가 즐겨 부르는 503장 찬송이 있습니다. 그 찬송 1절 가사는 이렇습니다. "고요한 바다로 저 천국 향할 때 주 내게 순풍 주시니 참 감사합니다." 이어서 2절은 "큰 물결 일어나 나 쉬지 못하나 이 풍랑 인연하여서 더 빨리 갑니다."라고 노래합니다. 1절에서는 이 세상을 순풍 만난 듯이 살게 해주셔서 감사하다고 고백합니다. 2절에서는 큰 풍랑이 일어나서 몹시 힘들지만 그 가운데서도 천국 향해 가는 발걸음을 늦추어지지 않게 하시니 참 감사하다고 고백합니다. 탑레이디 목사님의 찬송시가 말해 주고 있듯이 우리의 인생에는 순풍과 역경이 있기 마련입니다. 기쁨과 즐거움도 있지만 고난과 고통 또한 피할 수 없는 것이 사람의 한 생이라고 할 수 있습니다.

이 세상을 한번 진지하게 들여다봅시다. 우리가 살고 있는 이 땅은 행복보다는 불행이, 형통보다는 고난이 더 많은 것 같습니다. 그래서 어느 종교에서는 생로병사를 기본으로 해서 8고, 16고, 32고, 64고, 128고 등의 여러가지 고난을 풀어 나가는 고(苦)의 철학을 가르칩니다. 사람의 한 생을 수많은 고난의 연속으로 보는 것은 분명히 일리가 있습니다. 이것을 너무 비관적인 태도가 아니냐 하고 이의를 제기할 수도 있을 것입니다. 그러나 그렇지 않습니다. 그 누구가 이 세상을 고통 없이 살 수 있습니까? 그 누구가 이 세상을 사는 것이 어렵지 않다고 말할 수 있습니까? 그런 사람은 없습니다. 아무도 이 사실을 부인하지 못합니다. 이 땅에서 고통을 면제받고 살 수 있는 사람은 하나도 없습니다.

예측을 불허하는 고난

우리는 고난을 예측하지 못합니다. 이것이 우리를 당혹스럽게 만듭니다. 언제 어디서 그 흉한 모습을 드러낼지 모르는 것이 고난입니다. 고난이 갖는 이 예측불허성을 우리는 욥의 사건을 통해서 생생하게 실감할 수 있습니다. 13절을 보면 제일 앞에 '하루는' 이라는 말이 나옵니다. 여기에는 굉장한 의미가 내포되어 있습니다. '하루는' 이라고 한 그 어느 날에 정말 무서운 사건이 일어났습니다. 욥의 운명이 하루아침에 바뀌는 날벼락이 떨어진 것입니다.

그날에 그처럼 기막힌 일이 생길 것이라고 욥이 꿈엔들 알았겠습니까? 그날은 그의 자녀들이 맏형의 집에 모여 잔치하며 먹고 마시는 날이었습니다. 얼마나 흐뭇하고 화기애애한 시간들이 흐르고 있었을까요? 그러나 불행은 노크도 없이 문을 박차고 들어왔습니다. 그 순간부터 무서운 일들은 설상가상으로 줄을 이었습니다. 갑자기 스바 사람이 나타나서 나귀와 소를 빼앗고 종들을 죽였습니다. 하늘에서 불이 내려와 양떼와 종을 살라 버렸습니다. 갈대아 사람이 세 떼를 지어 갑자기 약대에게 달려들어 모두를 빼앗고 칼로 종을 죽였습니다. 욥의 자녀들이 모여 잔치하던 집에 거친 들의 대풍이 몰려와 네 모퉁이 기둥을 치므로 집이 무너져서 다 깔려 죽고 말았습니다.

'하루는' 다음에 '갑자기' 라는 말이 나옵니다. 짤막한 이 한 마디에는 모든 불행과 재난이 불시에 찾아온다는 것을 교훈하고 있습니다. 욥의 식구들 중 아무도 예상할 수 없었던 사건들이 욥에게 찾아왔던 것입니다. 2장 8절은 욥의 몸에 병까지 났다고 말하고 있습니다. 멀쩡하던 그의 몸에 갑자기 심상찮아 보이는 이상 증세들이 나타나기 시작했던 것입니다. 이 모든 사건이 한 순간에 복병이 덮치듯 갑자기 일어났습니다. 욥이 당한 비극이야말로 글자 그대로 엎친 데 덮친 격으로, 설상가상으로 찾아왔던 것입니다.

이와 같은 욥의 사건을 보면서 "무슨 이야기가 이래? 너무 지나치게 꾸민 것 같아. 세상에 이런 일이 어떻게 있을 수 있어?" 하고 말하는 사람이 있을지 모릅니다. 그러나 그렇지 않습니다. 그것은 진리입니다. 재난은 어느 날 갑자기 찾아오는 것입니다. 그리고 한번 어려운 일을 당하면 연속적으로 어려운 일을 당하는 예가 많습니다. 이것은 우리 주변에서 흔히 볼 수 있는 일입니다. 욥은 꿈에도 자기에게 그와 같은 불행이 찾아오리라고 예측하지 못했습니다. 29장 18절을 보면 욥은 이렇게 말합니다. "내가 스스로 말하기를 나는 내 보금자리에서 선종하리라 나의 날이 모래 같이 많은 것이라." 그는 자신에게 다가올 미래를 낙관적으로 내다보았던 것 같습니다. 선종한다는 말은 착하게 살다가 복되게 죽을 것이라는 뜻입니다. "나는 착하게 살다가 복되게 임종을 맞이하게 될 거야. 나는 모래알처럼 많은 날들을 누리면서 살거야." 하고 욥은 장담했던 것 같습니다.

그러나 30장 26절에서 "내가 복을 바랐더니 화가 왔고 광명을 기다렸더니 흑암이 왔구나."라고 말하고 있습니다. 전혀 예측하지 못한 일이 일어난 데 대해서 당혹감을 감추지 못하고 있는 모습을 볼 수 있습니다. 우리 주변에서 갑자기 사고를 당한 사람들의 경우도 마찬가지입니다. 그들의 경우를 한번 유심히 살펴보십시오. 욥이 갑자기 고난을 당했던 것처럼 그들도 불시에 재난을 당했다는 것을 알 수 있을 것입니다.

이유를 알 수 없는 고난

고난에는 대략 몇 가지 유형이 있습니다. 첫째로 이유를 알 수 없는 고난이 있습니다. 욥이 당한 고난이 바로 여기에 해당합니다. 욥은 순전하고 정직하여 하나님을 경외하며 악에서 떠난 사람이었습니다. 그러한 욥에게는 절대로 일어나지 않을 것 같은 사건들이 갑자기 찾아온 것입니다. 우리는 욥기 1, 2장을 읽으면서 그가 왜 그런 어려움을 치러야 했는지 어느 정도 배경을 알고 있습니다. 그러나 욥의 입장에서는 아무것도 아는 바가 없었습니다. 욥에게 왜 그와 같은 일들이 일어나는지 하나님이 설명을 하지 않으셨기 때문입니다. "하나님은 모든 행하시는 것을 스스로 진술치 아니하시나니"(33:13).

욥의 경우와 마찬가지로 우리에게도 이유를 모르는 어려움이 찾아올 때가 있습니다. 착하고 선한 사람일수록 이유를 모르는 고난으로 시련을 겪는 것을 흔하게 봅니다. 이것이 바로 의인이 당하는 고난의 수수께끼입니다. 또한 천벌을 받아야 마땅할 것 같은 악인이 떵떵거리며 온갖 부귀영화를 누리며 살고 있는 것 역시 수수께끼입니다. 의인이 이유를 모르는 고난을 당해서 고통하는 수수께끼나, 악인이 평생 형통하면서 수를 누리는 수수께끼나 다 불가사의한 것이라고 할 수 있습니다.

욥도 이런 문제로 고민한 흔적이 있습니다. 21장 7절 이하에서 그는 이렇게 말합니다. "어찌하여 악인이 살고 수를 누리고 세력이 강하냐 씨가 그들의 앞에서 그들과 함께 굳게 서고 자손이 그들의 목전에서 그러하구나 그 집이 평안하여 두려움이 없고 하나님의 매가 그 위에 임하지 아니하며 그 수소는 영락없이 새끼를 배게하고 그 암소는 새끼를 낳고 낙태하지 않는구나 그들은 아이들을 내어보냄이 양떼 같고 그 자녀들은 춤추는구나 그들이 소고와 수금으로 노래하고 피리 불어 즐기며 그날을 형통하게 지내다가 경각간에 음부에 내려가느니라." 욥이 얼마나 답답했으면 이렇게 긴 탄식을 늘어 놓았겠습니까? 이와 같이 우리에게도 이유를 모르는 고난이 있을 수 있습니다.

그 반대로 이유를 분명히 알 수 있는 고난이 있습니다. 죄를 범하여 스스로 끌어들이는, 자업자득이라고 할 수 있는 고난이 바로 그것입니다. 또 자기 스스로 선택한 고난이 있습니다. 이것은 독특한 유형의 고난입니다. 일제시대나 6·25를 경험했던 믿음의 선배들 중에 이런 고난을 겪은 분들이 많습니다. 그들은 믿음을 지키기 위해 자진해서 십자가를 졌습니다. 이것은 의인들이 스스로 선택한 고통이라고 할 수 있습니다. 이처럼 고난의 유형이 어떤 것이든 한 가지 분명한 사실은 세상에서 아무도 고난을 면제받는 사람이 없다는 것입니다. 그러므로 우리는 욥의 사건을 통해서 고난을 극복할 수 있는 지혜를 배워야 합니다.

첫째로, 우리는 항상 고난을 대비하는 마음가짐을 가지고 있어야 합니다. 그러나 이 사실을 이야기하기 전에 우리가 먼저 주의해야 할 것이 있습니다. 그것은 잘못된 가르침을 경계해야 한다는 것입니다. 예수를 믿기만 하면 평생 부와 건강이 보장된다는 것처럼 가르치는 사람들이 있습니다. 그것은 대단히 위험한 교훈입니다. 하나님께서 우리에게 부와 건강을 안 주신다는 말이 아닙니다. 예수를 믿으면 병에도 걸리지 않으며 무슨 일을 하든 만사형통할 수 있다고 가르치는 사람들의 말이 잘못되었다는 것입니다. '예수 행복, 믿음 건강'이라는 이런 단순한 논리를 비약시키면 나중에는 아주 위험한 지경까지 갈 수 있습니다. 예를 들어 "예수 믿는다고 하면서 왜 병에 걸리나요? 무슨 죄를 지었든 크게 잘못되었으니 병이 들지, 믿음생활 잘하는 사람을 주님이 병들게 하는 법은 없어요." 하는 식으로 정죄해 버립니다. 이와 같이 가르치는 사람들의 말에 현혹되지 마십시오. 만사형통하기 위해서 예수 잘 믿어야 한다는 것은 사단의 속삭임이라는 것을 알아야 합니다.

제가 몸이 좀 좋지 않았을 때 외국에 나가서 몇 달 기거한 적이 있습니다. 제가 그곳에 와 있다는 소식을 그 지역 교회의 어느 여전도사님이 들었나 봅니다. 그런데 그분이 저를 두고 "주의 종이 아프다니 웬일이에요? 그 목사님이 말 못할 죄를 지은 것이 틀림없어요." 하고 어떤 분에게 단정 지어 말했답니다. 그 이야기가 간접적으로 제 귀에 들려 왔습니다. "그럴지도 모르지요. 이 세상에서 죄를 짓지 않고 사는 사람이 어디 있습니까?" 하고 대꾸했지만 얼마나 마음이 무거웠는지 모릅니다. 그분의 말은 하나님의 말씀과 거리가 먼 이야기라고 할 수 있습니다. 우리는 그렇게 잘못 판단하면 안 됩니다.

어떤 실패한 형제에게 찾아가서 "당신이 이렇게 실패한 데에는 분명 이유가 있어요. 무슨 잘못을 범했는지 생각해 보십시오. 지은 죄를 솔직하게 고백해야 문제가 풀립니다."라고 말했다고 가정해 봅시다. 어떤 결과가 나오겠습니까? 세상에 죄 안 짓고 사는 사람은 없습니다. 털면 다 먼지 나게 되어 있는 것이 인간입니다. 아마도 이런 소리를 들은 그 사람은 영적으로 돌이킬 수 없는 곤경에 빠질 것입니다. 우리는 이런 잘못된 교훈을 경계해야 합니다. 예수 믿는 사람도 욥처럼 어려움을 당할 수 있습니다. 예수 잘 믿어도 병들 수 있고, 재산이 날아갈 수 있고, 고통을 당할 수도 있고, 모함을 당할 수도 있습니다. 그러므로 우리는 고난에 대비해야 합니다. 그래야 어떤 어려움을 당할 때 믿음까지 팔아먹는 어리석은 짓을 안 할 수 있습니다.

비행기를 타고 가는 사람처럼

가령 여기에 어떤 유능한 기장이 있다고 합시다. 그가 자신의 비행 경력과 탁월한 조종술을 내세우며 "내가 조종하는 비행기는 절대로 사고가 일어나지 않아." 하고 큰소리를 친다면 그의 말에 수긍할 수 있겠습니까? 아무도 그의 말을 믿으려고 하지 않을 것입니다. 아무리 뛰어난 비행 교육을 받고, 아무리 자랑할 만한 비행 경력을 가졌다 해도 사고가 나지 않는다는 법은 없습니다. 비행기를 몰고 창공을 나는 한, 언제 어떤 일이 생길지 아무도 예측하지 못합니다. 조종사는 항상 사고가 일어날지도 모른다는 개연성을 인정해야 합니다. 조종사가 많은 시간을 들여서 비행 교육을 받고 훈련을 하는 것은 안전 운항을 위해서, 만약의 사태에 대비해서 그렇게 하는 것입니다. 여객기에 몸을 실으면 원하든 말든 반드시 들어야 하는 말이 있습니다. 여승무원이 나와서 몇가지 안전수칙을 가르쳐 줍니다. 그런데 그 행동지침을 귀담아 듣는 사람은 별로 없습니다. 설마 그런 일이 일어날까 하는 식으로 받아넘깁니다.

"나는 기도를 많이 했으니 사고가 나지 않아. 괜찮아." 하며 승무원의 말을 무시하는 사람이 있다면 그런 믿음을 놓고 전적으로 잘못되었다고 말할 수는 없습니다. 그러나 그런 행동을 모두 옳다고 할 수도 없습니다. 세상을 살아가는 방법도 마찬가지입니다. 비행기를 타고 가는 사람처럼 살아야 합니다. 다시 말해 만일의 사태에 대비하며 살아야 한다는 것입니다.

전도서 3장 1절 이하에 보면 하나님께서 우리 인생 개개인을 위해 정해 놓으신 때와 목적이 있다고 했습니다.

"천하에 범사가 기한이 있고 모든 목적이 이룰 때가 있나니 날 때가 있고 죽을 때가 있고 치료시킬 때가 있으며 헐 때가 있고 세울 때가 있으며 울 때가 있고 웃을 때가 있으며 슬퍼할 때가 있고 춤출 때가 있으며 돌을 던져 버릴 때가 있고 돌을 거둘 때가 있으며 안을 때가 있고 안는 일을 멀리 할 때가 있으며 찾을 때가 있고 잃을 때가 있으며 지킬 때가 있고 버릴 때가 있으며 찢을 때가 있고 꿰맬 때가 있으며 잠잠할 때가 있고 말할 때가 있으며 사랑할 때가 있고 미워할 때가 있으며 전쟁할 때가 있고 평화할 때가 있느니라."

이 모든 것을 하나님이 때를 따라 만드셨다고 했습니다. 하나님께서 하시는 시종을 사람들이 예측하지 못하도록 좋은 때가 있는가 하면 나쁜 때도 있고, 바람이 부는 날이 있는가 하면 바람이 잔잔한 때가 있다고 합니다. 하나님이 이 모든 것을 만드시고 경영하십니다. 그렇기 때문에 우리가 세상을 사는 이상, 좋은 일만 기대하는 어리석음을 버려야 합니다. 나쁜 일도 있을 수 있다는 것을 알아야 합니다. 그러므로 항상 고난에 대비하는 것이 생을 사는 지혜라 할 수 있습니다.

우리집 막내가 대학입시를 치렀던 해에 있었던 일입니다. 시험을 보고 난 후, 한 사흘 동안을 방 안에 박혀서 나오지를 않았습니다. 이불을 뒤집어쓰고 누워 있는 것을 보면 만족하게 시험을 못 본 것이 분명했습니다. 그런 꼴을 보는 부모의 심정은 괴롭기 그지없습니다. 너무 답답한 나머지 하루는 그 아이를 불러냈습니다. 그리고 전도서 7장 14절을 펴 놓고 함께 읽었습니다. "형통한 날에는 기뻐하고 곤고한 날에는 생각하라 하나님이 이 두 가지를 병행하게 하사 사람으로 그 장래 일을 능히 헤아려 알지 못하게 하셨느니라." 지금이야말로 이 말씀의 의미를 깊이 깨달을 수 있는 좋은 기회라고 충고를 해주었습니다. 그러나 그후에도 아이의 태도는 별로 달라지지 않았습니다. 집안 분위기는 무겁게 가라앉았습니다. 보다못해 어느 날 그 아이를 데리고 가까운 산을 찾았습니다. 산을 오르며 그의 마음을 달래 보려고 했습니다. 정상에 올라가 둘이 마주 앉았을 때 저는 이런 이야기를 했습니다. "엄마 아빠는 너희 삼형제를 놓고 감사하는 것이 많단다. 잘 먹이지도 못했는데 건강하게 자라 준 것이 얼마나 감사한지! 그리고 잘 돌보지도 못했는데 신앙생활 잘하는 것을 보면 얼마나 감사한지! 그리고 과외 한번 안 시켰지만 원하는 학교에 소신껏 지원할 수 있었다는 것이 얼마나 감사한지! 네가 이번 시험에 낙방한다 할지라도 아빠는 감사하게 생각한단다. 네가 인생 공부를 그만큼 하는 셈이니 그것 또한 감사한 것이 아니겠니?" 아이는 아비의 말을 잠자코 들어주었습니다. 그리고 무슨 생각을 했는지 싱긋 웃어 보였습니다.

자녀가 대학 입시에 낙방해서 먹구름이 낀 가정이 적지 않습니다. 그러나 낙담하지 마십시오. 실패는 자녀에게 인생의 어두운 면을 가르칠 수 있는 좋은 기회가 됩니다. 우리 자녀들의 장래에 언제, 어떤 어려움이 닥

쳐올지 모릅니다. 그때를 대비하여 고난을 극복할 수 있는 능력을 키우는 절호의 기회로 삼는 것이 중요합니다. 이런 고난을 통해서 자녀들이 더 강하고, 더 지혜로운 사람으로 성숙할 수 있습니다.

종종 유복한 가정에서 태어나서 평생 고생이라는 것을 모르고 산 사람이 고난이 닥쳐왔을 때 형편없이 무너지는 것을 봅니다. 전혀 실패를 모르고 살아온 사람이 4, 50대에 들어 어느 날 갑자기 몰아닥친 광풍을 만나면 맥을 못 추고 쓰러지는 것을 적지 않게 봅니다. 대비를 안 하고 살았기 때문입니다. 항상 만 가지가 다 형통하리라고 믿었기 때문에 그런 것입니다. 그렇게 안일한 생각을 가진 사람이 갑자기 고난을 당하면 쓰러지고 맙니다. 그에게는 역경을 헤칠 만한 힘이 없는 것입니다.

지금까지 머리가 좋아서 한번도 실패 안 한 것을 복이라고 할 수 있습니까? 평생 고생을 모르고 자란 유복한 환경을 하나님이 주신 복이었다고 말할 수 있습니까? 아닙니다. 오히려 실패를 경험해 본 사람이 더 낫습니다. 어려움을 극복할 수 있는 힘을 키워 놓았기 때문에 그렇게 비참하게 꺾이지 않았습니다.

욥은 의로웠지만 고난당했습니다. 예수님도 이 세상에서는 고난을 당하셨습니다. 경건하게 살고자 하는 자는 핍박을 받는다고 했습니다. 예수님은 바르게 믿어도 우리에게 어려움이 올 수 있습니다. 이유를 알건, 모르건 간에 고난이 올 수 있습니다. 그러므로 우리는 대비해야 합니다. 비행기를 몰고 가는 기장처럼 불의의 재난에 대비해야 합니다. 비행기를 타고 가는 승객처럼 마음에 단단히 각오를 하고 인생을 살아야 합니다. 우리는 강한 자가 되어야 합니다.

불행 예방

둘째로, 고난을 예방할 수 있어야 합니다. 우리는 스스로 화를 끌어들이는 사람이 되어서는 안 됩니다. 이 세상에는 이유를 모르는 고난도 있지만 이유를 분명히 알 수 있는 고난도 있습니다. 이유를 알 수 있는 고난은 미리 예방할 수 있습니다. 하나님께서는 이 세상 도처에 험한 계곡이 많다는 것을 말씀을 통해서 가르쳐 주고 계십니다. 하나님은 자기의 사랑하는 자녀들이 세상을 살면서 온갖 고생을 다 하다가 만신창이가 되어서 생을 끝마치는 것을 원치 않으십니다.

예레미야 29장 11절을 보십시오. "나 여호와가 말하노라 너희를 향한 나의 생각은 내가 아나니 재앙이 아니라 곧 평안이요 너희 장래에 소망을 주려 하는 생각이라." 하나님은 우리가 형통함을 누리면서 살기를 원하십니다. 세상 사람들 보기에 민망할 정도로 고생고생하며 살기를 원치 않으십니다. 하나님이 우리에게 성경을 들려주신 이유는 세상이 너무나 험하고 어둡기 때문에 이 세상을 밝히는 등불로 사용하라고 주신 것입니다. 시편 119편 105절을 보십시오. "주의 말씀은 내 발에 등이요 내 길에 빛이니이다." 성경을 등불로, 빛으로 사용하라고 주신 것입니다. 우리가 살고 있는 이 세상은 너무나 어둡습니다. 그래서 자칫 잘못하면 길을 잃고 헤매기 쉽습니다. 그렇게 되면 우리는 불행해질 수밖에 없습니다. 그런 어두움에서 벗어나라고 주님께서 우리에게 성경을 들려주신 것입니다.

성경을 펴 보십시오. 거기에는 숱한 사람들의 이야기가 나옵니다 그들의 삶을 통해서 하나님은 우리에게 가르치십니다. 어떻게 해서 불행을 겪게 되었는가를 적나라하게 설명하고 계십니다. 그리고 그 사람들을 통해서 세상을 이길 수 있는 지혜를 배우라고 말씀하십니다. 이를테면 롯이라고 하는 인물을 우리 앞에 내놓고 주님은 하나님의 영광보다 자기의 영광을 더 앞세웠기 때문에 그렇게 불행한 사람이 되었다고 가르쳐 줍니다. 성경이 야곱에 대해 그렇게 많은 지면을 할애하며 우리에게 설명하는 것은 야곱처럼 임기응변으로 신실하지 못한 생활을 하면 불행해질 수 있다는 것입니다. 삼손의 이야기를 들려주는 것은 주색잡기에 빠지면 불행한 최후를 맞게 된다는 것을 가르쳐 주는 것입니다. 성경을 자세히 보십시오. 똑같은 교훈을 수십 번 반복해서 가르치고 있습니다. 교만하지 말라는 말이 수없이 반복됩니다. 게으르지 말라고 자주 교훈합니다. 불의와 타협하여 재산을 모으지 말라고 강조합니다. 그것으로 인해 우리가 불행해질 수 있기 때문에 하나님이 그렇게 반복해서 가르치는 것입니다. 불행을 예방하는 비결, 그것은 하나님의 말씀 앞으로 나가는 것입니다. 잠언 1장 33절 말씀을 주목하십시오. "오직 나를 듣는 자는 안연히 살며 재앙의 두려움이 없이 평안하리라." 불행을 예방하고 싶다면 하나님의 말씀 앞에 겸손히 무릎을 꿇으십시오. 하나님의 말씀에 귀를 기울일 때 당신의 불행은 예방될 수 있습니다.

예수님만 바라보는 사람

셋째로, 예수님만 바라보아야 합니다. 고난을 이기려면 예수님만 바라보는 사람이 되어야 합니다. 하늘의 시인이라고 불리는 송명희 자매는 뇌성마비의 몸으로 태어났습니다. 약하디 약한 몸을 가진 가냘픈 여성입니다. 정상적인 몸을 가지고도 살기 어려운 세상에 얼마나 고된 삶을 살았겠습니까? 그런데 그가 예수님을 알고 나서 그분께 드리는 편지를 쓴 적이 있습니다. 그 편지의 서두는 "고난의 선생님께 드리는 편지"라는 말로 시작됩니다. 그는 예수님을 고난의 선생님으로 보았습니다. 옳은 말입니다. 예수님은 고난을 가장 많이 당하신 분입니다. 예수님이야말로 고난당하는 자의 심정을 가장 잘 이해하시는 분입니다. 예수님이야말로 고난당하는 자의 친구가 되십니다. 그녀가 고통을 안고 얼마나 몸부림쳤으면 예수님을 향해 고난의 선생님이라고 불렀겠습니까? 그의 심정이 우리 가슴에 깊이 와서 닿는 것 같습니다. 그가 쓴 편지 중에 한 대목을 소개합니다.

"선생님을 좇은 후에도 고난은 저를 떠나 주지 않았고 오히려 고난이 많아져 고통스러움은 더해만 갔었는데, 선생님이 제 옆에 계셔서 육신은 고달픔이 있으나 마음은 편안했고 감사함으로 고난의 코스를 잘 밟을 수 있었지요. 의심과 두려움이 있을 때는 '두려워 말고 믿기만 하라.' 슬프고 괴로울 때는 '얘야 나는 너를 그래도 사랑한단다.' 선생님은 그렇게 수없이 말씀하시며 그 부드러운 손으로 안아 주셨지요. 선생님의 사랑 속에서 저도 선생님을 사모하게 되었고 그 누구보다 선생님을 좋아하게 되었습니다. 제가 선생님을 만난 후, 건강이 없어도 지식이 없어도 많은 재물이 없어도 모든 일이 잘되든지 안 되든지 선생님이 계시기에 감사할 수 있었지요. 선생님, 고난은 고난으로 끝나는 것이 아닌가 봐요. 그 어려움 때문에 선생님을 만나게 되었고 또한 고난이 갖다 준 성숙이라는 작은 선물도 있으니 말입니다. 감사의 성숙과 이해의 성숙은 고난이 아니면 얻어지는 게 아닌가 봅니다. 그리고 고난은 영광을 가져다 주지요."

진한 감동을 주는 편지입니다. 고난을 이기려면 예수님만 바라보아야 합니다.

예수님은 고난에 대해서 다섯 가지 분명한 약속을 하십니다. 첫째로, 고난에서 우리를 보호해 주신다는 약속입니다. 시편 121편 말씀이 그 좋은 예입니다. "여호와께서 너로 실족지 않게 하시며 너를 지키시는 자가 졸지 아니하시리로다"(시 121:3). "여호와께서 너를 지켜 모든 환난을 면케 하시며 또 네 영혼을 지키시리로다"(시 121:7). 주님은 우리가 당하는 모든 환난을 면케 해주시는 분입니다.

둘째로, 고난을 당하게 되면 책임지고 보호하고 인도해 주시겠다는 약속입니다. 이사야 43장 2절이 말씀하고 있습니다. "네가 물 가운데로 지날 때에 내가 함께할 것이라 강을 건널 때에 물이 너를 침몰치 못할 것이며 네가 불 가운데로 행할 때에 타지도 아니할 것이요 불꽃이 너를 사르지도 못하리니." 여기에서 강을 건넌다, 물이 침몰한다, 불 가운데 지나간다는 말은 모두 고난을 뜻하는 말입니다. 주님은 우리가 고난을 당할 때에 우리와 함께하시고 우리를 보호해 주시고 인도해 주십니다.

셋째로, 고난 중에 감당할 힘도 주시고 피할 길도 열어 주시겠다는 약속입니다. "사람이 감당할 시험밖에는 너희에게 당한 것이 없나니 오직 하나님은 미쁘사 너희가 감당치 못할 시험당함을 허락지 아니하시고 시험당할 즈음에 또한 피할 길을 내사 너희로 능히 감당하게 하시느니라"(고전 10:13). 하나님은 우리가 당하는 고난을 피할 길을 열어 주십니다. 또 고난 속에서도 능히 그 무거운 십자가를 지고 갈 힘을 주신다고 약속하셨습니다.

넷째로, 슬픔이 변하여 기쁨이 되게 하시겠다는 약속입니다. "주께서 나의 슬픔을 변하여 춤이 되게 하시며 나의 베옷을 벗기고 기쁨으로 띠

띠우셨나이다"(시 30:11). 하나님께서 욥의 슬픔이 변하여 기쁨이 되게 하셨습니다. 그의 슬픔을 거두어 가시고 다시 기쁨을 회복시켜 주셨습니다. 하나님은 자비로우신 분입니다. 어떤 고난 가운데서도 우리를 내버려두지 않고 돌보아 주십니다.

다섯째로, 현재의 고난에 대한 충분한 보상을 하신다는 약속입니다. 로마서 8장 18절에 "생각건대 현재의 고난은 장차 우리에게 나타날 영광과 족히 비교할 수 없도다."라고 말씀하십니다. 세상에서 당하는 고난을 나중에는 넘치도록 위로하시고, 넘치도록 보상하시고, 넘치도록 복을 주시겠다고 하는 말씀입니다. 이와 같은 약속을 주신 우리 주님을 바라보아야 합니다. 이 약속을 믿음으로 굳게 붙드는 사람은 어떤 어려운 상황을 만나도 이길 수 있습니다. 그 믿음은 병들지 않습니다. 그에게는 분명히 세상 사람이 모르는 능력이 나타나게 됩니다. 욥이 바로 그런 사람이었습니다.

본문 20절을 보면, 욥은 기막힌 비극의 소식을 전해 듣자 마자 겉옷을 찢고 머리털을 밀고 땅에 엎드려 하나님을 경배했습니다. 그리고 이렇게 고백했습니다. "내가 모태에서 적신이 나왔사온즉 또한 적신이 그리로 돌아가올지라 주신 자도 여호와시요 취하신 자도 여호와시오니 여호와의 이름이 찬송을 받으실지니이다." 이 말씀의 깊은 뜻이 무엇입니까? "하나님은 나에게 모든 것을 주셨습니다. 그러므로 그것을 빼앗아 가실 수도 있습니다. 무엇을 주시든지 빼앗아 가시든지 상관없습니다. 오직 하나님만 영광 받으시기를 바랍니다." 욥은 이런 마음 자세를 가지고 범죄하지 아니하고 하나님을 향하여 원망하지 않았습니다. 그럼에도 불구하고 갑자기 그의 몸에 병이 찾아왔습니다. 그의 아내가 얼마나 답답했으면 남편더러 하나님을 욕하고 죽으라고 했겠습니까? 그러나 욥은 이렇게 말했습

나의 고통 누구의 탓인가?

니다. "그대의 말이 어리석은 여자 중 하나의 말 같도다 우리가 하나님께 복을 받았은즉 재앙도 받지 아니하겠느뇨"(2:10). 그는 어떤 경우에라도 하나님을 원망하지 않았습니다. 욥이 이런 사람이 될 수 있었던 것은 주님만 바라보았기 때문입니다. 그에게 한 순간에 고난이 밀어닥쳤습니다. 자기가 누리고 즐기던 모든 것이 한 순간에 날아갔습니다. 재산도, 자녀도 다 사라졌습니다. 그러나 모든 것이 다 떠나도 하나님은 남아 계셨습니다. 결국 하나님만이 그의 전부가 되었던 것입니다.

하나님은 자비로우신 분이요 능력이 많은 분입니다. 욥은 오직 하나님 한 분만 믿음으로 바라보았습니다. 이런 욥의 모습을 보면서 다음과 같은 시조가 생각났습니다. "백설이 만건곤할 제 독야청청하리라." 무슨 일을 만나도 절개를 지키겠다는 지조 있는 신하의 정신이 잘 나타나 있는 시구입니다. 욥하고는 전혀 상관 없는 시조이지만 이것은 인용하는 것은 그의 형편과 마음가짐을 빗대어 표현하고 싶어서입니다. 욥은 고난이 만건곤했지만 독야청청했습니다. 그럴 수 있었던 것은 그가 하나님만 바라보았기 때문입니다. "눈물과 탄식이 나를 억누를지라도 나는 오직 믿음으로 주님만 바라보겠습니다." 이것이 욥과 같은 신앙인의 자세입니다. 이런 사람을 하나님이 도우십니다. 복을 주십니다. 슬픔이 변하여 기쁨이 되게 하십니다.

남편의 불행, 아내의 슬픔

또 하루는 하나님의 아들들이 와서 여호와 앞에 서고
사단도 그들 가운데 와서 여호와 앞에 서니 여호와께서 사단에게 이르시되
네가 어디서 왔느냐 사단이 여호와께 대답하여 가로되
땅에 두루 돌아 여기저기 다녀왔나이다
여호와께서 사단에게 이르시되 네가 내 종 욥을 유의하여 보았느냐
그와 같이 순전하고 정직하여 하나님을 경외하며 악에서 떠난 자가 세상에 없느니라
네가 나를 격동하여 까닭 없이 그를 치게 하였어도 그가 오히려 자기의 순전을 굳게 지켰느니라
사단이 여호와께 대답하여 가로되 가죽으로 가죽을 바꾸오니
사람이 그 모든 소유물로 자기의 생명을 바꾸올지라
이제 주의 손을 펴서 그의 뼈와 살을 치소서 그리하시면 정녕 대면하여 주를 욕하리이다
여호와께서 사단에게 이르시되 내가 그를 네 손에 붙이노라 오직 그의 생명은 해하지 말지니라
사단이 이에 여호와 앞에서 물러가서 욥을 쳐서 그 발바닥에서 정수리까지 악창이 나게 한지라
욥이 재 가운데 앉아서 기와 조각을 가져다가 몸을 긁고 있더니
그 아내가 그에게 이르되 당신이 그래도 자기의 순전을 굳게 지키느뇨
하나님을 욕하고 죽으라 그가 이르되 그대의 말이 어리석은 여자 중 하나의 말 같도다
우리가 하나님께 복을 받았은즉 재앙도 받지 아니하겠느뇨 하고
이 모든 일에 욥이 입술로 범죄치 아니하니라(욥기 2:1~10).

당신은 예수 믿어 손해볼 것 없으니 열심히 믿는 현실주의자, 공리주의자, 실리주의자가 아닙니까? 욥의 아내처럼 믿으면 안 됩니다. 신앙에 있어서만은 욥처럼 이상주의자가 되어야 합니다.

세상을 어지간히 살아 본 사람이라면 쉽게 하는 말이 있습니다. "재물을 잃는 것은 적게 잃는 것이고 명예를 잃는 것은 많이 잃는 것이다. 더욱이 건강을 잃는 것은 전부를 잃어버리는 것이다." 인생에는 무엇보다도 건강이 가장 중요하다는 말입니다. 본문을 보면 재산과 자식과 명예를 하루아침에 잃어버린 욥이 마지막으로 남아 있던 건강마저 잃게 된 끔찍한 장면이 나옵니다. 건강마저 빼앗겼으니 얼마나 비참합니까? 극도로 비참한 자리에 앉아서 탄식하고 있는 욥의 모습을 한번 상상해 보십시오. 하나님은 지금 욥의 순전함, 즉 그의 믿음의 순수성을 놓고 사단과 제2 라운드의 줄다리기를 하고 계십니다. "욥의 믿음은 무조건적이다." 하나님은 이렇게 주장하십니다. 그러나 사단은 여기에 대해서 맞섭니다. "아니요, 그렇지 않습니다. 욥의 신앙은 조건적입니다. 아직도 건강하니까 하나님을 찾는 것이지 그렇지 않다면 욥도 별 수 없이 하나님을 믿지 아니할 것입니다."

하나님이 왜 사악한 사단을 상대로 누구 말이 옳은가 하고 시험을 하셔야 했는지 우리는 그 까닭을 잘 모릅니다. 하나님께서 밝히지 않고 계시니까 모를 수밖에 없습니다. 그러나 한가지 분명한 사실이 있습니다. 하나님의 판단은 선하고 완전했으나 사단의 주장은 악의에 가득 찬 거짓말이었다는 점입니다. 하나님은 이와 같은 사단의 사악함을 온 천하에 폭로함으로써 자신이 영광 받으시려는 숨은 뜻을 가지고 계셨던 것 같습니다. 동시에 욥을 통해 자신의 완전하심을 모든 영계에 나타내 보이려고 하신 것 같습니다. 이런 이유 때문인지 하나님께서는 사단의 요구를 일단 받아들여서 욥에게 남아 있던 건강마저도 그가 원하는 대로 내어 주신 것을 보게 됩니다. 5절을 보면 사단이 하나님께 요청을 합니다. "이제 주의 손을 펴서 그의 뼈와 살을 치소서." 하나님이 그 요구를 받아들이셨습니다. "여호와께서 사단에게 이르시되 내가 그를 네 손에 붙이노라 오직 그의 생명은 해하지 말지니라"(6절). 하나님께서는 단서를 붙여서 허락하셨습니다. 하나님의 허락을 받은 사단이 욥을 쳤습니다. "사단이 이에 여호와 앞에서 물러가서 욥을 쳐서 그 발바닥에서 정수리까지 악창이 나게 한지라"(7절). 하루아침에 욥은 비참한 중환자가 되고 말았습니다.

모든 병은 사단, 마귀, 귀신이 일으키는 것이라고 주장하는 사람이 있습니다. 그러나 그것은 하나님의 자녀가 아닌 세상 사람들에게나 통할 수 있는 이야기입니다. 사단이 병을 가지고 사람들을 무참하게 괴롭힐 수 있다는 것은 사실입니다. 그러나 하나님의 소유가 된 성도들의 입장을 가지고 보면 상황이 달라집니다. 성도에게 있어서 병은 반드시 귀신이 주는 것이 아닙니다. 반드시 죗값으로 오는 것도 아닙니다. 성도의 병에는 하나님의 특별하신 뜻이 숨어 있습니다. 하나님이 허락하지 아니하시면 아무리 사단이나 귀신이 병을 일으키고 싶어도 하나님의 자녀에게는 손을 대지 못합니다. 우리는 이 사실을 꼭 믿어야 합니다. 이 믿음이 없으면 하나님의 자녀가 아니라고 해도 과언이 아닙니다. 이 믿음이 없으면 어떻게 하나님의 자녀라는 긍지를 가질 수 있습니까.

끝없는 고통과 탄식

욥의 몸에 생긴 병이 무슨 병인지 의학적으로 정확하게 규명하기는 어렵습니다. 어느 날 갑자기 그의 피부에 심상치 않은 증세가 나타나더니 삽시간에 온몸으로 퍼져 버렸습니다. '악창(惡瘡)'은 구약성경에서 매우 광범위하게 사용되는 말입니다. 문둥병으로부터 작은 종기에 이르기까지 악창이라는 단어가 사용된 것을 볼 수 있습니다. 그러나 욥이 괴로움을 당한 피부병이 얼마나 무서운 것이었는지 욥기 전체를 읽어보면 금방 알 수 있습니다. 본문 7절은 그의 발바닥부터 정수리까지 한 곳도 성한 곳이 없이 피부병이 발병했다고 말하고 있습니다. 욥이 가려움을 견디다 못해서 기와 조각을 가지고 부득부득 피가 나도록 긁고 있는 장면이 8절에 나옵니다. 3장 24절을 보면 너무너무 고통스러워 자기가 앓는 소리가 마치 물이 쏟아지는 것 같다고 표현하고 있을 정도입니다.

7장 4절에서는 욥이 밤새도록 잠을 자지 못하고 불면증에 시달리고 있는 것을 봅니다. 7장 5절을 보면 종기에 구더기가 우글거리고 살갗이 쉴 사이 없이 곪아 터지고 있다는 것을 알 수 있습니다. 19장 20절에는 피부와 살이 뼈에 붙었다고 말하고 있습니다. 30장 17절에는 뼈를 쑤시는 듯한 통증이 한시도 멈추지 않는다고 호소합니다. 그리고 7장 3절을 보면 여러 달이 지났는데도 그 증세가 전혀 호전되지 않고 있다고 하소연합니다. 욥이 이와 같은 어려움을 당하는 것을 보고 그의 아내마저도 등을 돌렸습니다. 19장 17절은 아내가 그의 숨조차 싫어했다고 말하고 있습니다. 아마 욥이 숨을 쉴 때마다 고약한 냄새가 났나 봅니다. 평생을 함께 살던 아내도, 피를 나눈 형제들도 욥 근처에 오는 것을 꺼렸습니다. 욥이 얼마나 무서운 병을 가지고 고통하고 있었는지 충분히 짐작할 수 있습니다. 결국 그는 동네 바깥에 있는 잿더미 위에 앉아서 빨리 죽기만을 바라는 신세가 되고 말았습니다.

욥이 '재 가운데 앉아' 있다는 말이 8절에 나옵니다. '재'는 우리가 잘 아는 대로 불을 때고 남은 찌꺼기입니다. 그 당시에는 집집마다 불을 때고 남은 재를 동네 바깥에 있는 쓰레기장에 갖다 버렸습니다. 거기에 모아 두었다가 한 달에 한 번 정도 다른 쓰레기와 함께 불로 태웠습니다. 그러고 나면 재가 쌓이고 쌓여서 큰 무더기를 이루었습니다. 지금 욥이 동네 바깥에 있는 그 재 무더기 위에 앉아 있는 것입니다. 그곳은 그야말로 비참한 장소입니다. 전염병에 걸린 사람이 쫓겨 나와서 기거하는 곳이기도 하고, 의지할 데 없는 불쌍한 사람이 와서 잠을 자는 곳이기도 합니다. 어떤 때는 개들이 돌아다니며 시체를 뜯어먹기도 했으니 그 처참함은 말로 할 수 없을 정도였습니다. 따라서 재 위에 앉아 있다는 말은 '슬프다. 버림받았다.'는 것을 상징적으로 말해주는 것이라고 할 수 있습니다. 동방에서 가장 위대했던 욥이 이렇게 쓰레기 더미 위에 앉아 있는 신세가 되었습니다. 마지막 남은 건강마저 잃어버리고 인간 쓰레기가 되어 있는 욥을 상상해 보십시오. 이 정도만 해도 우리는 그가 당한 비참한 처지를 쉽게 이해할 수 있습니다.

건강이 우리 손에 있는 것은 사실이지만 우리 마음대로 쥐었다 놓았다 할 수 있는 것은 아닙니다. 이런 사실을 모르는 사람은 없을 것입니다. 욥도 평소에는 건강했습니다. 그러나 그것은 한순간에 무너졌습니다. 우리도 언제 건강을 잃게 될지 모릅니다. 물론 몸을 잘 관리하면 자신의 건강을 유지할 수 있습니다. 그러나 그것이 전부는 아닙니다. 요즘 세상에, 건강에 신경 안 쓰는 사람이 어디 있습니까? 특별히 한국 사람은 말할 필요가 없습니다. 어떻게든 건강하게 살아보겠다고 몸부림치는 사람이 우리나라보다 더 많은 데도 없을 것입니다. 그만큼 극성스럽게 건강을 위하는 국민이 많은데 왜 발병률과 사망률은 세계에서 상위 그룹에 속하는지 알 수가 없습니다.

건강은 하나님이 주시는 것

우리는 건강에 대한 주인 의식을 버려야 합니다. 예수 믿는 사람은 더욱 그렇습니다. 건강이나 생명은, 우리가 조심하고 관리는 할 수 있습니다. 그러나 내 것은 아닙니다. 주님의 것입니다. 언제까지 건강할 수 있는가는 하나님의 손에 달린 것이지 내 손에 달린 것이 아닙니다. 언제라도 건강을 잃어버릴 수 있다는 가능성을 우리는 겸손하게 인정해야 합니다. 건강은 하나님이 지켜 주실 때 보장되는 것입니다. 내가 내 몸을 하나님처럼 떠받든다고 해서 건강해지는 것이 아닙니다.

하나님이 사단의 공격을 막아 주실 때 우리는 건강할 수 있습니다. 하나님께서 우리가 먹고 마시는 것에 복을 주실 때 그 먹고 마시는 것이 건강으로 이어질 수 있습니다. 막대한 돈을 들여서 몸에 좋다는 것을 자꾸 먹는다고 건강해지는 것이 아닙니다. 그런 데에 지나치게 신경 쓰지 마십시오. 우리가 정말 관심을 쏟아야 할 것은 '어떻게 하면 하나님을 기쁘게 할까? 어떻게 하면 하나님의 명령대로 살까? 어떻게 하면 욥처럼 하나님의 마음에 드는 사람이 될까? 어떻게 하면 순전하고 정직하여 하나님을 경외하고 악에서 떠난 생활을 할까?' 입니다. 우리는 이런 것에 초점을 맞추고 살아야 합니다. 이것이 신앙인의 바른 자세입니다. 이것이 우리가 건강하게 살 수 있는 비결입니다.

욥의 아내가 잿더미 위에 앉아서 기왓장을 가지고 몸을 긁고 있는 남편의 모습을 보다 못해 뭐라고 합니까? "그 아내가 그에게 이르되 당신이 그래도 자기의 순전을 굳게 지키느뇨 하나님을 욕하고 죽으라"(9절). 현대어 번역은 이 본문을 더 실감나게 표현하고 있습니다. "그래 이 지경이 되었는데도 아직도 믿음을 지키고 있단 말이에요? 참 속 터지는 양반 다 보겠네. 차라리 하나님한테 욕이나 퍼붓고 죽는 편이 더 낫지 않겠소?" 성경학자들은 욥의 아내를 놓고 좋지 않게 말합니다. 그래서 성경의 인물 가운데 그는 욕을 많이 먹는 축에 들어 갑니다. 유대 랍비들은 그를 가리켜 '디나'라는 이름을 붙였습니다. 야곱의 딸인 디나처럼 어리석은 여자라는 말입니다. 어거스틴은 이 여인을 놓고 사단의 시녀라고 했고, 칼빈은 사단의 도구라고 했고, 심지어 어떤 사람은 제2의 하와라고 별명을 붙였습니다.

그런데 욥의 아내를 무작정 정죄하는 것은 옳지 않다고 봅니다. 하나님께서는 욥의 아내를 잘못했다고 나무라신 적이 없습니다. 나중에 다시 행복한 가정을 이루어 남편과 슬하에 10남매를 두고 평생 해로하게 되는 것을 보면 알 수 있습니다. 그러므로 욥의 아내를 놓고 무슨 큰 죄를 범한 사람처럼 다루는 것은 지나치지 않나 생각됩니다. 욥의 아내가 가시 돋친 말을 하는 데는 이유가 있습니다. 하늘처럼 믿었던 남편이 하루아침에 산 송장이 되고 인간 쓰레기가 되면서 가장 피해를 당한 사람은 바로 그녀였습니다. 지금이나 그 당시나 별로 달라진 것이 없었습니다. 당시에도 아내가 어떤 대우를 받으며 사느냐 하는 것은 남편이 가지고 있는 능력에 따라 좌우되었습니다. 욥이 동방에서 존경 받는 왕이었다면 그 아내도 자동적으로 왕비의 대우를 받았을 것이 틀림없습니다. 그러나 남편이 한순간에 몰락하자 그 부인도 별 수 없이 같은 신세가 되어 버린 것입니다.

이상하게도 세상 인심은 망하는 사람에게 더 냉정한 것 같습니다. 고난에 빠진 사람을 동정하고 도와 주어야 할 것 같은데 오히려 그렇지 않은 경우가 더 많습니다. 욥이 얼마나 천덕꾸러기가 되어 있는지를 보면 잘 알 수 있습니다. 부인도 똑같은 사람으로 취급을 받았습니다. "내 집에 우거한 자와 내 계집종들은 나를 외인으로 여기니 내가 그들 앞에서 타국 사람이 되었구나." "내가 내 종을 불러도 대답지 아니하니 내 입으로 그에게 청하여야 하겠구나"(19:15, 16). "어린아이들이라도 나를 업신여기고 내가 일어나면 나를 조롱하는구나 나의 가까운 친구들이 나를 미워하며 나의 사랑하는 사람들이 돌이켜 나의 대적이 되었구나"(19:18, 19).

남편이 이처럼 천덕꾸러기가 되었는데 그 아내라고 평안할 리 없습니다. 더욱이 욥의 아내는 10남매를 한꺼번에 잃어버린 비극의 주인공이었습니다. 미쳐도 열 번도 미칠 수 있는 기막힌 비극을 당한 사람이었습니다. 이런 마당에 누구를 붙들고 그 심정을 하소연할 수 있겠습니까? 남편이 아닌 그 누구에게 그 속에 있는 한과 슬픔을 다 쏟아 놓을 수 있겠습니까? 그래서 그런지 70인역 성경에는 이런 말이 삽입되어 있습니다. 부인이 욥에게 하는 말입니다. "여보, 언제까지 참고만 있어야 해요? 잠시는 참을 수 있지만 언제까지 이래야 할까요? 당신이 세상에서 기억할 만한 것들은 깡그리 없어졌어요. 자식도, 재산도, 명예도, 집도. 당신은 구더기가 기어다니는 몸을 가지고 잿더미 위에 앉아 있고 나는 이집 저집, 이곳 저곳을 돌아다니며 천대를 당하고, 하루의 수고를 쉬고 쥐어짜는 듯한 고통에서 놓이려고 해가 지기를 기다리는 이 신세가 무슨 꼴이에요? 여보, 차라리 하나님을 욕하고 죽어요. 무슨 소용이 있어요?" 욥의 아내가 한 행동을 잘한 것이라고 말하기는 어렵습니다. 그러나 그가 하나님을 버리고 타락한 여자가 되었다고 주장하는 것은 지나치다고 생각합니다. 사람은 누구나 주체할 수 없는 일을 당하면 본심에 없는 말을 쏟아 놓을 수 있습니다. 여자들은 더욱 그럴 수 있습니다. 불행한 사건 앞에서는 남자고 여자고 다 약해지기 마련입니다. 여자는 남자보다 더 약한 그릇입니다. 이런 의미에서 여자 쪽이 받은 고통이 더 크다고 할 수 있을 것입니다.

자신을 지탱할 수 없을 만큼 큰 슬픔을 당하면 사람은 종종 자기의 신앙에 대한 확신을 잃어버리기 쉽습니다. "내 신앙이 현실과 너무 거리가 멀구나" 하는 자책도 하게 됩니다. 슬픔에 빠진 사람은 자기와 하나님의 거리가 굉장히 멀다는 것을 느낍니다. C. S. 루이스가 이런 의미있는 말을 했습니다. "행복할 때는 감사와 찬송으로 하나님께 나아가면 하나님이 두 팔을 벌려 환영할 것이라고 느낀다. 그러나 당신이 절망적인 상태에 있을 때 그분께 나아가 보라. 무엇을 발견하는가? 당신의 코 앞에는 차갑게 닫힌 문이 가로막을 것이고 그 안에서 빗장 거는 소리가 거듭거듭 들려올 것이다." 불행한 일을 당한 사람은 하나님께 버림을 받은 것같은 거리감을 느끼게 된다는 말입니다. 욥의 아내가 이런 거리감, 허탈감에 빠져 허우적거리면서 견디다 못해 남편에게 본심에도 없는 말을 쏟아 놓은 것이라고 생각합니다.

현실주의자의 믿음

욥은 이상주의자였습니다. 그러나 그의 아내는 현실주의자였던 것 같습니다. 욥의 아내는 이렇게 생각했을 것입니다. "믿음이 좋으면 복을 받는다. 열심히 하나님을 믿는 이상 재앙은 절대 우리 가정에 임하지 않는다. 자식도 잘될 것이요, 남편도 형통할 것이다." 이런 현실주의자들은 예수 믿어서 만 가지가 잘된다 싶을 때는 누구보다도 더 열심으로 하나님을 섬길 수 있습니다. 욥의 아내도 아마 형통할 때는 욥보다도 더 열심히 하나님을 섬겼을지 모릅니다. 그러나 막상 잘 믿는 것이 아무 소용이 없어 보이자 이 현실주의자의 믿음은 사정없이 흔들리고 말았습니다. 아이들이 떼죽음 당한 꼴을 보았을 때 그의 심정이 어떠했겠습니까? 아마 잔치할 때마다 번제를 드리던 남편의 행동이 청승맞게 떠올랐을 것입니다. 현실주의자는 일이 잘 안 될 때 신앙이 견고하게 남아 있을 수 없습니다. 욥의 아내가 바로 이런 사람이 아니었나 생각됩니다. 그의 가슴에 갈등과 한을 묻어 두기에는 그 도가 넘어 버렸습니다. 그래서 본의 아니게 "날마다 하나님 하나님 하더니 기껏 이 정도요?" 하고 남편을 쏘아 붙였던 것 같습니다. 욥의 아내는 불행하게도 사단의 시녀가 된 것처럼 시험에 걸려든 것입니다. 사단은 그것을 노렸습니다. "건강하니까 하나님 하나님 하는 것이지 병들어 봐라 하나님이 무슨 소용이 있냐." 하는 사단의 주장에 동조하는 꼴이 되고 말았습니다. 욥의 아내가 그와 같은 사단의 판단을 적중시키는 사람이 된 셈입니다. 현실주의자는 그렇게 되기가 쉽습니다.

목회를 하면서 여자가 남자보다 더 현실주의자가 되기 쉽다는 것을 가끔 느낍니다. 부인들은 좀 불쾌하겠지만 사실인 것 같습니다. 부인보다도 남편의 믿음이 훨씬 더 좋은 경우가 있습니다. 부인보다 그 믿음이 더 열심이고 더 순수하고 더 적극적인 남편이 있습니다. 남편이 그렇게 별나게 신앙생활을 하면 부인은 은근히 불안해 합니다.

차 집사님은 구청에서 일하는 공무원입니다. 그는 은혜를 많이 받고 너무 좋아서 박봉을 털어 주의 일에 씁니다. 전도하는 데 쓰고 주일학교 학생들을 가르치면서 그들에게 줄 선물을 사는 데 적지 않게 씁니다. 기본적인 헌금도 물론 합니다. 그래가지고 집안 살림을 어떻게 잘 꾸릴 수 있겠습니까? 그렇다고 부수입이 있는 것도 아닙니다. 그가 딱했던지 하루는 믿지 않는 과장이 그를 부르더니 "당신 도대체 어떻게 살아요?" 하고 묻더랍니다. 그때 차 집사님은 이렇게 대답했다고 합니다. "넉넉합니다. 500만 원 받으면 500만 원 맞춰 살고 50만 원 받으면 50만 원 맞춰 사니까 넉넉해요." 그러나 정작 그의 아내는 처음에 매우 힘들었다고 합니다. 지금은 아내가 남편보다 더 열심을 낼 정도가 되어 있습니다만 남편이 너무 열심을 낼 때는 솔직히 불안했다고 실토했습니다. 공감이 가는 말입니다. 아내가 남편보다 믿음이 약한 경우, 자기 남편이 예수에 미치는 것을 좋아할 여자는 없습니다. 저러다가 잘못되지 않을까 하는 불안감이 생기는 것은 어쩌면 당연합니다. 욥의 아내에게 이런 기미가 있었다는 것을 우리는 인정해야 합니다. 현실주의자는 이런 약점이 있습니다. 남편의 믿음이 좋아서 만 가지 복을 받으면 괜찮습니다. 그러나 예수 믿어도 별 볼 일 없다고 생각될 때 라든지, 저렇게 극성스럽게 믿다가 세상에서 낙오자가 되지 않을까 하는 불안감에 사로잡히면 욥의 아내처럼 시험에 빠질 수 있는 것입니다.

요즈음은 현실주의자가 판을 치는 세상입니다. 권위 있는 위기 상담자가 기록해 놓은 통계자료에서 특기할 만한 사실 하나를 보았습니다. 강남에 사는 부부 가운데 60퍼센트가 문제가 있다고 합니다. 사실은 이혼 상태나 다름없다고 합니다. 한 지붕 아래서, 한솥밥 먹고, 한 이불 덮고 잠자지만 부부의 마음은 구만리 떨어져 있다는 것입니다. 열 중에 여섯이 그렇다고 하니까 보통 문제가 아닙니다. 자식 생각해서, 남의 눈이 무서워서 이러지도 못하고 저러지도 못해 함께 사는 것이지 실은 동거이혼자가 되어 있다는 것입니다. 그리고 강남의 중산층으로 자부하고 사는 주부 가운데 68.5퍼센트가 다시 태어난다면 지금의 남편과 결혼하고 싶지 않다고 응답했다고 합니다.

순진했던 옛날에는 결혼서약을 할 때 "기쁠 때나 슬플 때나 건강할 때나 병들 때나 죽음이 우리를 갈라놓을 때까지 서로 사랑하면서 부부의 도리를 다하겠습니다." 하고 서약했습니다. 그러나 요즈음엔 그렇지 않다고 합니다. "죽음이 우리를 갈라 놓을 때까지"라는 서약을 안 한다고 합니다. "우리들의 사랑이 지속되는 날까지 부부의 도리를 다하겠습니다."라고 한다고 합니다. 얼마나 현실적이고 조건적입니까? 이처럼 야박한 세상에서 남편이 욥처럼 되면 그의 아내처럼 말하지 않을 것이라고 장담할 부인이 어느 정도 될까요? 믿든 안 믿든 간에 부부는 동고동락하기 위해 만난 사람들입니다. 그것도 한두 해가 아니라 평생을 함께하기 위해 만난 사람들입니다. 특히 남자를 돕기 위해 창조된 여자는 어느 가요의 가사처럼 "좋은 일도 궂은 일도 함께하면서 당신의 그림자로 행복합니다." 하는 자세를 가지고 살아야 합니다. 교회를 다녀도 잘못하면 욥의 아내처럼 될 수 있습니다. 잘 믿어 손해 보지 않으니까 잘 믿는 사람이 될 수 있습니다. "잘 믿는 거 다 이유 있다." 하는 사단의 말에 딱 맞아떨어지는 사람이 되어서는 안 됩니다.

절망과 위로

절망에 빠진 욥에게는 아내가 마지막 남은 위로요 소망이었을 것입니다. 남자들은 누구나 위기를 당하면 본능적으로 모성을 찾습니다. 남편들은 자기가 어려울 때 아내에게 기대려는 본능이 있습니다. 이럴 때 아내의 말 한 마디가 남편을 살릴 수도 있고 죽일 수도 있습니다. 빈털터리가 되어 희망이 없거나 병들어 죽을 지경이 되어도 아내의 진정한 위로만 있다면 남편은 절망하지 않습니다. 재기의 꿈을 가질 수 있습니다. 고통을 나누면 반으로 줄고, 기쁨을 나누면 배가 됩니다. 이 말은 부부 사이에서는 절대적인 진리라고 생각합니다.

따라서 그 부인이 비록 홧김에 남편에게 퍼붓기는 했지만 그것이 욥에게는 상당히 큰 충격이 되었을 것입니다. 어떤 면에서는 욥의 순전한 믿음이 휘청거렸을지도 모릅니다. 진정한 아내라면 남편이 가진 믿음의 순전함을 공유할 수 있어야 합니다. 남편과 아내가 똑같이 잘 믿어야 한다는 말입니다. 남편의 믿음이 좋다면 아내의 믿음도 그와 같은 수준이 되어야 합니다. 그래야만 남편이 어려울 때 고난을 함께 감당할 수 있는 사람이 될 수 있습니다. 남편이 예수 바로 믿으려다가 사회에서 바보가 되면 아내도 함께 바보가 될 수 있어야 합니다. 남편이 의롭게 처신하려다가 손해를 보게 되면 그 고통을 함께 짊어지려고 하는 아내가 되어야 합니다. 예수 잘 믿어 돌아올 게 뭐냐는 식의 현실주의자가 되면 안 됩니다. 부부는 서로의 영혼을 해치는 사람이 되면 안 됩니다. 욥의 아내처럼 믿음의 순수성이 시험당하는 시험거리로 마귀에게 악용되면 안 됩니다.

위기 속에서 빛나는 믿음

그러나 그 부인의 독설도 욥의 단호한 신앙 자세를 흐트러뜨리지 못했습니다. "그가 이르되 그대의 말이 어리석은 여자 중 하나의 말 같도다 우리가 하나님께 복을 받았은즉 재앙도 받지 아니하겠느뇨 하고 이 모든 일에 욥이 입술로 범죄치 아니하니라"(10절). 여기서 어리석은 여자 중 하나처럼 말한다는 것은 자기 아내가 어리석은 여자라고 욕하는 것이 아닙니다. 동네의 아낙네처럼 말을 한다는 것입니다. 어떤 면에서는 실망했다는 감정의 표현이라고 볼 수 있습니다. 우리는 하나님께 대한 욥의 순수한 신앙 자세에 감탄을 금할 수가 없습니다. 좋은 것이든 나쁜 것이든 하나님이 주신 것은 다 감사하고 받아야 한다는 그의 믿음은 시종일관 변함이 없습니다. "인간이 한평생 복만 받겠다는 것은 철없는 생각이다. 하나님이 원하시면 복도 받을 수 있고 재앙도 받을 수 있다. 천하가 무너져도 하나님을 원망해서는 안 된다. 아내가 등을 돌리고 뭐라 하든 하나님을 배반할 수는 없다." 참으로 아름다운 신앙의 자세입니다. 이것이 욥이 가진 신앙의 순수성입니다. 하나님이 자랑하신 순전하고 정직한 그의 신앙이었습니다. 참으로 무조건적인 믿음입니다.

극심한 고통을 당하면 만사가 다 불확실하게 보이고 혼돈 속에 빠지게 됩니다. 잘 풀릴 것 같은 조짐이 나타나지 않을 때일수록 믿음이 중요합니다. 욥과 같은 처지에 있는 사람일수록 믿음이 더 중요하다는 것을 알아야 합니다. 폴 투르니에가 한 말은 진리입니다. "의심의 여지가 전혀 없는 곳에서는 믿을 기회도 더 이상 없다." 믿음은 전부가 의심스러워 보일 때 필요하다는 말입니다. 혼돈 속에 빠질 때일수록 순수한 믿음이 더 필요합니다. 욥이 순수한 믿음을 끝까지 유지하고 있었기 때문에 하나님은 그를 실망시키지 않았습니다. 자기가 아니면 아무도 붙들어 줄 자가 없는 사람은 하나님이 그냥 내버려두시지 않습니다. 하나님의 손길을 보십시오. "하나님은 아프게 하시다가 싸매시며 상하게 하시다가 그 손으로 고치시나니 여섯 가지 환난에서 너를 구원하시며 일곱 가지 환난이라도 그 재앙이 네게 미치지 않게 하시며"(5:18, 19). 이 말씀 그대로 하나님은 욥에게 보상을 해주셨습니다.

당신은 어떤 사람이 되고 싶습니까? 당신은 하나님께서 사단 앞에 장담할 수 있을 만큼 순수한 믿음을 소유하고 있습니까? 당신은 예수 믿어 손해볼 것 없으니 열심히 믿는 현실주의자, 공리주의자, 실리주의자가 아닙니까? 자신을 돌아보십시오. 욥의 아내처럼 믿으면 안 됩니다. 신앙에 있어서만은 욥처럼 이상주의자가 되어야 합니다. 복이 와도, 화가 와도, 어떤 경우에라도 오직 하나님만 바라보아야 합니다. 예수님 한 분만이 나의 자랑이요 기쁨이요 복이 되는, 순수한 믿음의 소유자가 되어야 합니다. 하나님께서 우리 모두에게 이런 순수한 믿음을 요구하고 계십니다.

좋은 위로자가 되려면

때에 욥의 친구 세 사람이 그에게 이 모든 재앙이 임하였다 함을 듣고
각각 자기 처소에서부터 이르렀으니 곧 데만 사람 엘리바스와 수아 사람 빌닷과
나아마 사람 소발이라 그들이 욥을 조문하고 위로하려 하여 상약하고 오더니
눈을 들어 멀리 보매 그 욥인 줄 알기 어렵게 되었으므로 그들이 일제히 소리질러 울며
각각 자기의 겉옷을 찢고 하늘을 향하여 티끌을 날려 자기 머리에 뿌리고 칠일 칠야를
그와 함께 땅에 앉았으나 욥의 곤고함이 심함을 보는 고로
그에게 한 말도 하는 자가 없었더라(욥기 2:11~13).

슬픈 일을 당할 때 위로 받기 원한다면 슬픔을 당하기 전에 먼저 고통 중에 있는 사람을 찾아가서 위로할 줄 아는 사람이 되어야 합니다.

이 세상에서 제일 빠른 것이 무엇이라고 생각합니까? 저는 소문이라고 말하고 싶습니다. 소문은 좋은 것이든 나쁜 것이든 아주 빠른 속도로 퍼집니다. 특별히 나쁜 소식은 좋은 소식보다 더 긴 다리를 가지고 있어서 더 빨리, 더 멀리 퍼져 나가는 것 같습니다. 당대의 위인이요 스타라고 할 수 있었던 욥이 갑자기 기가 막힌 재난을 만나 몰락했다는 소식은 그야말로 세기적이고 국제적인 특종기사 감이었습니다. 교통과 정보 수단이 발달하지 않았던 원시 사회였지만 욥의 집안이 패가망신했다는 소식은 삽시간에 사방으로 퍼져 나갔을 것입니다. 입에서 입으로 전해지는 과정에서 소문은 눈덩이처럼 부풀려져서 온갖 희한한 말이 떠돌아다녔을 것이라고 우리는 짐작할 수 있습니다.

　그런데 욥에게는 자랑스러운 친구가 세 사람 있었습니다. 그 이름은 엘리바스, 빌닷, 소발입니다. 욥이 재기 불가능한 끔찍한 불행을 당했다는 소식을 듣고 그들은 함께 약속을 하고 먼 거리에서 찾아왔습니다. 각자 찾아오지 않고 같이 온 것에 대해 어떤 학자는 욥이 나쁜 짓을 하다가 천벌을 받았다는 소문이 들리는 마당에 혼자서 그를 대면한다는 것이 어쩌면 위험할 것 같아 서로 짜고 왔다는 말을 합니다. 이것은 지나친 견해라고 할 수 있습니다. 욥의 친구들은 그렇게 형편없는 사람들이 아니었습니다. 물론 그들이 욥에 대한 별의 별 소문을 다 들어서 반신반의 하면서 찾아왔겠지만 욥을 경계해야 할 인물로 여기고 온 것은 아니었습니다. 그들이 욥을 찾게 된 동기는 어디까지나 순수하고 선한 것이었다고 할 수 있습니다.

　욥기 2장 11절은 그들이 욥을 찾아온 목적을 다음과 같이 분명하게 밝히고 있습니다. "때에 욥의 친구 세 사람이 그에게 이 모든 재앙이 임하였다 함을 듣고 각각 자기 처소에서부터 이르렀으니 곧 데만 사람 엘리바스와 수아 사람 빌닷과 나아마 사람 소발이라 그들이 욥을 조문하고 위로하려 하여 상약하고 오더니." 불행을 당한 욥을 조문하고 위로하기 위해 서로 약속을 하고 찾아왔다고 합니다. 욥이 졸지에 10남매나 되는 자녀를 잃어버렸으니 조문을 해야 했고, 그 많던 재산을 다 잃어버리고 이제 병까지 들어 죽게 되었으니 위로해 주어야 겠다고 생각했던 것입니다. 그들은 선한 동기를 가지고 친구를 찾아왔습니다. 그러나 막상 욥이 있는 곳을 와 보니 도무지 그를 알아보지 못할 만큼 꼴이 말이 아니었습니다.

세 친구들은 욥을 보자마자 하도 기가 막혀 크게 소리지르며 통곡하고 옷을 찢고 티끌을 머리 위로 날리며 땅바닥에 주저앉았습니다. 그들은 욥이 앉아 있던 잿더미에 함께 주저앉아 일어나지를 못했습니다. 욥이 살던 고대 사회에서는 걷잡을 수 없는 슬픔과 고통을 당하면 그것이 얼마나 기막힌 일인가를 표현하느라 옷을 찢고 티끌을 날리며 땅바닥에 주저앉는 관습이 있었습니다. 그들은 옷을 찢고 욥처럼 삭발은 하지 않았지만 티끌을 머리 위로 날리며 땅바닥에 주저앉아 대성통곡을 했습니다. 그뿐만이 아닙니다. 욥의 고통이 너무나 큰 것을 보고 그들은 입을 다문 채 말 한 마디하지 않고 7주야를 잿더미 위에 함께 앉아 있었습니다. 조금 과장되게 표현되었는지 모르지만 그 정도의 친구라고 한다면 보통 사이가 아니라는 것쯤은 짐작하기 어렵지 않을 것 같습니다. 좀처럼 찾아보기 어려운 너무나도 아름다운 친구관계라 할 수 있습니다.

우리 주변에는 정도의 차이는 있지만 욥처럼 자기 힘으로 감당하기 어려운 역경을 만나 고통하는 이웃이 적지 않습니다. 앞으로는 이런 사람이 점점 더 늘어날 것으로 생각됩니다. 세상이 악해지면 악해질수록 피해를 당하는 사람은 점점 더 늘어나게 되어 있기 때문입니다. 요즈음은 국내 경기가 별로 좋지 않은 편입니다. 경제가 침체되면 침체될수록 살기는 더 힘들어집니다. 수많은 사람들이 직장을 잃고 생활고에 허덕일 위험부담을 안고 있습니다. 또 날이 갈수록 괴상한 병은 자꾸 생겨납니다. 현대 의학으로도 도저히 치료가 불가능한 난치병이 언제 누구한테 기승을 부릴지 모릅니다. 우리 사회는 지금 가치관이 몹시 흔들리는 혼미한 상태에 빠져 있습니다. 그래서 비행 청소년이 많습니다. 방자하게 행동하는 자식들로 인해 남에게 말못할 고민을 안고 고통하는 부모들이 날이 갈수록 많아지고 있습니다. 또 부부문제도 심각합니다. 이혼하는 부부가 늘고 있습니다. 부부사이도 잘못하면 서로 찌르고 찔리는 살벌한 관계로 언제 돌변할지 모르는 위험을 안고 있습니다. 노인문제도 여간 심각하지 않습니다. 노쇠한 노인들이 점점 뒷방으로 내몰리고 있습니다. 평생 겪어 보지 못한 마음고생을 하느라 밤잠을 이루지 못하는 노인이 날이 갈수록 늘어갈 것 같습니다. 욥의 고통과 같은 것이 옛날에만 있었던 것은 아닙니다. 현재에도 있습니다. 앞으로는 더욱 눈에 띄게 많이 생길 것이라고 추측할 수 있습니다. 그런데 욥에게는 참 좋은 친구들이 있었습니다. 그것이 그에게 큰 위로가 되었을 것입니다. 친구들이 찾아와서 위로했듯이 오늘 우리도 주변에서 고통과 슬픔을 당하는 형제들을 찾아가 위로해야 합니다. 슬픈 일을 당할 때 위로 받기 원한다면 슬픔을 당하기 전에 먼저 고통 중에 있는 사람을 찾아가서 위로할 줄 아는 사람이 되어야 합니다.

나의 고통, 나의 슬픔

어떻게 하면 좋은 위로자가 될 수 있는지에 대해 욥의 친구들에게서 값진 교훈을 두 가지 배울 수 있습니다.

첫째로, 자기 자신을 슬픔당한 사람과 동일시(同一視)하는 태도를 가질 수 있어야 합니다. 좋은 위로자가 되려면 슬픔당한 사람이 다른 사람이 아니라 바로 자기 자신이라는 마음 자세가 필요하다는 말입니다. 욥의 세 친구는 고통당하는 친구를 찾아왔습니다. 욥이 망했다는 소식을 듣고 나 몰라라 하지 않았습니다. 그리고 욥의 처지를 보자마자 함께 울었습니다. 자기들도 욥처럼 옷을 찢었습니다. 머리에 티끌을 날리고 땅바닥에 주저앉아 그의 곁을 떠나지 않았습니다. 이것은 할 수 있는 대로 고통당하는 사람의 처지와 비슷한 자리에 자기 자신을 두려고 애쓴 것입니다. 그들은 가급적이면 욥의 처지에 가까이 다가가려고 애를 썼습니다. 이것이 소위 동일시하는 태도입니다. 구름 위에 앉아 있는 사람이 땅에 있는 사람을 위로할 수 없습니다. 사치스러운 옷을 입고 와서 누더기를 걸치고 있는 사람을 위로할 수 없습니다. 그것은 진정한 위로가 되지 못합니다. 진짜 위로하기를 원한다면 슬픔당한 사람 곁에 가급적 가까이 다가가서 그와 같은 처지에 함께 앉아야 합니다.

요즘 세상에서 욥의 친구들처럼 진실한 위로를 해줄 수 있는 사람은 극히 드뭅니다. 더욱이 욥과 같이 이미 끝장난 것처럼 보이는 사람을 위해 함께 앉아 울어주고 슬픔을 나누어 가지려는 사람이 몇이나 될까 궁금합니다. 잘해 주면 뭔가 돌아올 것이 있을 것이라고 기대할 수 있는 사람이라면 또 모릅니다. 현대인들은 매우 약삭빨라서 실속을 차릴 수 있는 일이면 울기도 하고 밤샘도 할 수 있을 것입니다. 그러나 아무 이득을 기대할 수 없는 상황에서 욥의 친구들처럼 위로해 줄 수 있는 사람을 찾기란 여간 힘들지 않습니다. "나는 형제가 고통당할 때 욥의 친구와 같은 진정한 위로자가 될 수 있을까?" 우리 각자 이 문제를 놓고 스스로 자신에게 물어보는 겸허함이 필요하다고 생각합니다.

이 시대는 진정한 위로자가 필요합니다. 슬픔을 당한 자와 같은 처지에서 함께 있어주고 울어주는 관심을 보여 줄 수 있는 위로자가 절실하게 요구되는 세상에 우리가 살고 있습니다. 얄팍한 동정을 보이는 사람은 많습니다. 그러나 자기 자신을 고통당하는 자의 처지에다 앉혀 놓고 위로하려는 사람은 점점 사라져 가고 있는 것 같습니다. 이기주의와 향락주의가 판을 치는 세상입니다. 가급적이면 고통당하는 사람을 기피하려고 하는 사람이 늘고 있습니다. 그런 사람을 보면 마음이 부담스럽고 괴로우니까 가급적이면 안 보려 합니다. 자신도 모르게 우리는 그런 사람으로 바뀌어 가는 것을 느낍니다. "나만 괜찮으면 돼. 조금이라도 편하게 살자. 조금이라도 기분 좋게 살자." 이런 실리주의를 앞세우다 보니까 고통당하는 사람 곁에 가는 것이 부담스러워지는 것입니다. 그 사람의 문제를 놓고 생각하고 기도해 주는 것이 너무 힘드니까 가급적이면 피하려고 하는 것입니다. 우리 모두에게 그런 마음이 있습니다. 만나고 나면 너무 우울해지고 슬퍼지니까 가급적이면 멀리하고 싶은 생각이 듭니다.

현대 사회에서 절실히 요구되는 인간성 회복은 고통당하는 자, 슬퍼하는 자를 향한 관심의 회복에서부터 시작되어야 합니다. 그들을 찾아가고 함께 울어 주고 땅바닥에 앉아 함께 있어 주는 운동이 일어나야 합니다. "당신의 고통이 바로 나의 고통이요 당신의 슬픔이 바로 나의 슬픔입니다."라는 마음가짐을 우리 모두가 가져야 합니다. 그래야 비로소 인간성 회복은 가능하게 됩니다. 이런 위로자들이 많이 일어나야 이 사회가 치료될 수 있고 교회가 교회다울 수 있는 것입니다.

완전한 위로자, 예수 그리스도

동일시는 예수님이 직접 본을 보여 주신 위로의 방법입니다. 하나님께서 이사야를 통해서 이렇게 말씀하셨습니다. "너희를 위로하는 자는 나여늘 나여늘 너는 어떠한 자이기에 죽을 사람을 두려워하며 풀같이 될 인자를 두려워하느냐"(사 51:12). 우리를 위로할 수 있는 분은 하나님 한분밖에 없다는 말입니다. 약속하신 대로 예수 그리스도는 죄와 사망의 쇠사슬에 매여 고통하는 우리를 위로하시려고 찾아오셨습니다. 영광의 옷을 벗고 우리와 똑같은 모습으로 우리의 처지로 내려오셨습니다. 우리가 고통하고 슬퍼하는 자리에 친히 내려오신 것입니다. 그리고 우리의 슬픔을 지고 우리의 질고를 몸소 당하셨습니다. 주님은 이렇게 우리를 위로하시려고 고통을 대신 짊어지셨습니다. 예수님의 제자 된 우리들은 예수님처럼 완전한 위로자는 될 수 없습니다. 그러나 우리는 그분의 흉내라도 내려고 힘써야 합니다. 그래야만 세상 사람들로부터 예수 믿는 사람답다는 소리를 들을 수 있습니다. 우리는 고통당하는 사람을 위로하기 위해 그들의 처지로 내려가서 함께 울고 옷을 찢고 땅에 앉는 태도를 가져야 합니다.

세계적으로 유명한 어느 상담학자가 쓴 책에서 읽은 이야기를 소개합니다. 그는 고통당하는 사람들을 상대로 이런 질문을 했다고 합니다. "당신이 고통을 당하고 있을 때 어떤 사람이 가장 도움이 되었습니까?" 이 질문에 응답한 사람들의 대답을 종합해 본 결과 다음과 같은 결론을 얻었다고 합니다. 언제 들어도 지당한 말씀을 몇 마디 하고 돌아가는 목사는 별로 도움이 되지 못했다고 합니다. 선물을 한아름 안고 찾아오는 사람도 별로 도움이 되지 못했다고 합니다. 꽃다발을 들고 오거나 유익한 책을 사들고 와서 놓고 가는 사람도 별로 도움이 되지 못했다고 합니다. 겸허한 모습으로 찾아와서 자기 곁에 조용히 있어 주는 사람, 자기가 하는 말은 무슨 말이든 들어주고, 어떤 때는 함께 울어주기도 하고, 시간이 많이 흘렀지만 손목시계를 들여다보지 않는 그 사람이 가장 큰 위로자가 되었다고 합니다. 두말 할 것도 없이 욥의 세 친구들 같은 사람이 슬픔당하는 자에게 꼭 필요하다는 말입니다. 이것은 동서고금을 막론하고 변함없이 통하는 진리인 것 같습니다.

호스피스는 임종을 앞두고 있는 말기 환자들을 특별히 돌보아 주는 사역입니다. 세상을 떠나기 직전의 말기 환자는 그 모습을 보기만 해도 괴롭습니다. 지병을 안고 오래 고생하고 있는 환자들은 정말 보기조차 딱할 때가 많습니다. 해골처럼 마른 사람, 곁에 가면 악취가 나는 사람, 대화를 해도 통하지 않는 사람, 통증 때문에 신음하는 사람, 그렇게 전혀 소생할 가망이 없는 사람 곁에 함께 있어 준다는 것은 보통 일이 아닙니다. 그것은 아무나 할 수 있는 일이 아닙니다. 그런데 이 일을 위해서 일부러 시간을 내고 돈을 써 가면서 뛰어다니는 사람들이 있다는 것은 얼마나 감사한 일인지 모릅니다. 환자 중에는 몇 달째 몸을 씻지 못한 채 병상에 누워 있는 사람도 있습니다. 얼마나 냄새가 나겠습니까? 심지어 몸이 썩어 들어가서 악취 때문에 도저히 들어 갈 수 없는 그런 병실도 있습니다. 그럼에도 불구하고 호스피스 사역을 하는 분들은 환자 옆에 가만히 다가가서 조용히 이야기를 들어주며 함께 있어 줍니다. 이것이 진정한 위로자의 태도입니다. 욥의 친구들이 그렇게 했습니다.

당신은 진정 슬퍼하는 자, 고통하는 자 곁에 있어 주기를 원합니까? 그렇다면 시간을 충분히 내십시오. 그리고 마음을 활짝 열고 어떤 이야기라도 들어 줄 수 있는 마음의 자세를 가지십시오. 그리고 상대방이 마음껏 자신을 털어놓을 수 있게 편안한 마음을 갖도록 하십시오. 욥의 친구들처럼 옷을 찢고 머리에 티끌을 날리면서 잿더미 위에 앉는 그런 행동은 못한다 할지라도 상대방의 마음을 포근히 안아 주는 위로자가 되어야 합니다. "당신과 나는 다를 바가 없어요. 당신의 슬픔이 곧 나의 슬픔입니다."라고 말할 수 있는 위로자가 되십시오. 고통당하는 사람에게 이런 감정이 전달될 수만 있다면 당신은 진정한 위로자라고 할 수 있을 것입니다.

침묵의 잠재력

두 번째로, 우리가 배울 수 있는 교훈은 침묵의 잠재력을 알고 있어야 좋은 위로자가 된다는 것입니다. 욥의 세 친구는 매우 지혜로운 사람들이었습니다. 욥을 찾아와서 그 모습을 보았을 때 말이 필요없다는 사실을 금방 알아 차렸습니다. 7주야를 함께 앉아 있으면서 욥이 먼저 입을 열기 전까지는 아무도 입을 열지 않았습니다. 그 고통하는 마음에 쓸데없는 말 몇 마디 하는 것이 아무 의미가 없다는 것을 그들은 너무나 잘 알고 있었던 것입니다. 그런데 이것에 대해 사람들은 이런저런 추측을 합니다. 어떤 사람은 그들이 욥을 보았을 때 말해 봐야 쓸데없다는 판단이 섰기 때문에 일부러 입을 다물고 말았다고 하는 견해를 폅니다. 혹자는 말하기를 친구들이 무슨 말을 해서 욥을 회개하게 할까 하고 궁리하느라 일주일 동안 말을 하지 않고 있었다고 합니다. 그러나 이런 견해들은 너무 지나친 비약인 것 같습니다. 얼마 후 세 친구가 입을 열면서 본의 아니게 욥을 괴롭히는 처지가 되고 말았지만 그들의 본심은 순수했다는 사실을 부인하면 안 될 것 같습니다. 그들은 욥의 몰골을 보고 억장이 무너져서 입을 다물었을 것입니다. 한두 마디 말을 하는 것이 그를 더 괴롭게 하는 것임을 알았던 것입니다. 그래서 그들은 침묵했습니다. 사실 중병을 앓고 있는 사람이나 기막힌 재난을 당한 사람에게는 말이 필요 없습니다. 그것은 당해 본 사람만이 압니다. 안 당해 본 사람이 그 기막힌 심정을 알 수 없습니다.

중동 지역에는 베두인이라고 불리는 부족이 살고 있습니다. 베두인 부족에는 옛날부터 내려오는 관습이 하나 있는데, 어떤 사람이 병이 들어서 누워 있다는 소식을 들으면 가까운 형제들이나 친지들이 함께 찾아간다고 합니다. 그리고 병자가 누워 있는 침실 주변에 빙 둘러앉아서 오랜 시간을 함께 있어 준다고 합니다. 그때 말은 하지 않고, 다만 환자가 슬퍼하면 함께 슬퍼하고 그가 고통하면 함께 고통하는 표정을 지으며 함께 있어 준다고 합니다. 그리고 환자가 무언가 질문을 할 때만 간단하게 대답을 해 준다고 합니다. 욥의 세 친구들이 살던 지역이 바로 중동지역입니다. 그래서 그런지 옛날이나 지금이나 이런 아름다운 위로의 관습이 남아 있는 것 같습니다. 물론 고통당하는 사람에게 말이 필요할 때도 있습니다. 말을 하지 말라는 이야기가 아닙니다. 말이라는 것은 참 중요합니다. 슬픔을 당한 자에게 던지는 사랑의 말 한 마디는 아픈 상처 위에 떨어뜨리는 한 방울의 기름과 같은 효과가 있습니다.

때에 맞는 말

잠언에 이런 말씀이 있습니다. "사람은 그 입의 대답으로 말미암아 기쁨을 얻나니 때에 맞는 말이 얼마나 아름다운고"(잠 15:23). "선한 말은 꿀송이 같아서 마음에 달고 뼈에 양약이 되느니라"(잠 16:24). 이처럼 말이라는 것은 중요합니다. 그러나 극심한 고통 속에 빠져 있는 형제 앞에서 때에 맞는 말을 찾기란 여간 어렵지 않습니다. 며칠 입원하면 완쾌될 환자는 찾아가서 어려움을 느끼는 일이 없습니다. 만나서 기도해 주고 말씀으로 권면을 주고 함께 시간을 보내면 됩니다. 그러나 중병을 앓고 있는 분을 찾아갈 때는 얼마나 고심이 되는지 모릅니다. 목사는 환자에게 하나님의 말씀을 들려주어야 합니다. 성경말씀을 읽어 주고 기도하고 권면하는 것은 목사의 책임입니다. 그런데 아무 말씀이나 환자한테 하나님의 음성의 되는 것이 아닙니다. 때에 맞는 말, 그 사람을 위해서 가장 선한 말을 들려주어야 합니다. 어떤 때에는 아무리 성경을 뒤적여도 꼭 맞는 말씀을 발견하지 못합니다. 그때는 얼마나 괴로운지 모릅니다. 때에 맞는 말, 꼭 필요한 말을 찾는다는 것이 쉬운 것이 아닙니다. 성경 말씀이라고 해서 다 때에 맞는 말이라고 착각하지 마십시오.

유학 중에 있었던 일입니다. 뇌수술을 받으러 들어가는 어떤 대학 교수에게 말을 함부로 했다가 훗날 얼마나 홍역을 치렀는지 모릅니다. 그때는 제가 30대였으니까 세상을 잘 몰랐다 해도 과언이 아닙니다. 한창때니까 모두가 자기처럼 힘이 넘치는 것으로 착각하며 살기 마련입니다. 그러니까 중병을 앓는 자를 보아도 그것이 무엇인지 잘 모르는 것입니다. 그 교수는 뇌수술을 받으러 들어가는 중환자였습니다. 의사는 살 수 있는 확률이 50퍼센트 정도라고 했습니다. 그런 사람에게 무슨 말이 필요하겠습니까? 가서 조용히 기도해 주고 함께 있어주는 것만으로 족합니다. 그분께 이렇게 말했습니다. "교수님, 예수 그리스도를 믿으십니까? 수술이 잘되기를 바랍니다만 혹시 잘못될 수도 있을 것입니다. 그렇게 되었을 때 교수님은 천국에 갈 확신이 있습니까? 지금 이 시간에 그 확신을 가지고 수술실에 들어가기를 원치 않습니까?" 이 말이 수술실에 들어가는 환자에게 가당키나 한 말인지 잘 모르겠습니다. 하나님이 특별하게 역사를 하신다면 그 말이 한 영혼을 살리는 계기가 될 수도 있겠지만 죽을지 살지 모르는 불안 때문에 극한 상황을 헤매고 있는 사람에게 그렇게 심각한 말을 단도직입적으로 던지는 것은 잘한 일이 아니었습니다. 다행히 그분은 수술이 성공하여 살아났습니다. 그래서 다시 교단 위에 서게 되었습니다. 그런데 이 사람이 제 흉을 보고 다니는 겁니다. "세상에, 수술실에 들어가는 사람한테 그렇게 살벌한 소리를 하더라구요. 그 사람 참 이상한 사람이에요." 이런 소리가 간접적으로 제 귀에 들려 왔습니다. 설혹 진리를 전한다 할지라도 때에 맞는 말을 찾는다는 것은 정말 어려운 일입니다.

슬픔이란 단순한 서러움이 아니다

슬픔이란 단순한 서러움이 아닙니다. 그것은 누군가를, 아니면 무엇을 잃어버리는 데서 오는 상실감에 대한 반응입니다. 그래서 슬퍼하는 사람의 내면에는 극심한 갈등이 교차되어 있는 것을 볼 수 있습니다. 사랑하는 자가 영원히 자기 곁을 떠나 버렸다고 하는 현실과 그 사람을 떠나 보내지 않았으면 좋았을 텐데 하는 현실 불가능한 기대감 사이에서 갈등하고 있는 것입니다. 그러므로 슬퍼하는 사람을 붙들고 쓸데없이 말을 많이 하거나 단번에 무언가를 이해시키려고 강요하면 그에게 도움이 되지 않습니다. 오히려 고통당한 사람이 마음껏 북받치는 대로 감정을 표현할 수 있도록 배려해 주는 것이 더 좋습니다. 울고 싶으면 실컷 울도록 하는 것이 좋습니다. 마음에 담고 있는 말을 하고 싶어하면 실컷하게 하고 그 말을 들어 주는 것이 좋습니다. 이것이 위로자의 진실한 태도입니다. 구약에서 '위로하다'라는 말의 원뜻은 몸을 흔들며 고개를 끄덕이면서 같은 슬픔을 가지고 있다는 것을 표정과 행동으로 표현하면서 그 고통을 함께 나누고 있다는 것을 보여 주는 것입니다.

가끔 믿음 좋다는 사람들이 왠지 살벌하다는 느낌을 줄 때가 있습니다. 남편이 죽어서 통곡하는 부인을 붙들고 "울긴 왜 자꾸 울어? 믿음이 그렇게 없어?" 하는 분들이 있습니다. 그리고 한술 더 떠서 "나도 남편을 잃었지만 당신처럼 그렇게 울진 않았어." 하는 사람도 보았습니다. 정말 무서운 사람들입니다. 하나님의 말씀이라고 해서 다 위로가 되는 것은 아닙니다. 잘못하면 찌르는 칼이 될 수도 있습니다. 말이 필요 없을 때는 말을 안 하는 것이 좋습니다. 그것이 지혜입니다.

슬픔을 당한 미망인이 여기 있다고 가정해 봅시다. "자매님, 참 슬프겠지만 남편은 지금 천국에 계시지 않아요? 그러니까 슬퍼하지 마세요. 그분은 아주 좋은 곳에서 쉬고 계신답니다." 흔히 우리는 이렇게 위로를 합니다. 그러나 사실 그것은 위로가 되지 않습니다. 누가 천국에 간 줄 모릅니까? 그 부인이 슬퍼하는 이유는 다른 데 있습니다. 남편이 자기 곁에서 완전히 떠났다는 것 때문에 슬퍼하는 것입니다. 남편이 천국에 갔느냐, 안 갔느냐 하는 것 때문에 슬퍼하는 것이 아닙니다. "천국에 갔으니 위로를 받으시오." 하는 말은 "당신 남편이 지금 제주도에 가서 잘 쉬고 있으니 슬퍼하지 마세요." 하는 말과 다를 바가 없습니다. 제주도에 간 남편은 언젠가 다시 돌아올 수 있으니까 부인이 슬퍼할 이유가 없습니다. 그러니까 그런 위로는 앞뒤가 안 맞는 것입니다. 한편 천국에 갔으니 위로 받으라는 말도 인간적인 입장에서는 위로가 되지 못합니다. 미망인이 슬퍼하는 이유는 이 땅에서 남편을 다시 볼 수 없다는 데 있습니다. 슬픔의 진의가 어디에 있는가를 알지 못하고 함부로 말하는 것은 아무리 진리라 할지라도 위로가 되지 못합니다.

 우리는 슬픔이나 고통을 성경 구절 한두 개나 그럴듯한 말 몇 마디로 쫓아버리거나 녹여버릴 수 있다고 착각해서는 안 됩니다. 슬픔은 피해야 할 무엇이 아닙니다. 고통을 당하면 슬픔은 피할 수 없습니다. 슬픔은 터널과 같습니다. 일단 슬픔이란 터널 속에 들어가면 반드시 그 터널을 통과해야 합니다. 통과해야 할 고통의 터널 속에 있는 사람들에게는 위로가 필요합니다. 그러나 우리가 아무리 위로를 잘한다고 해도 완전한 위로는 되지 못합니다. 그저 고통의 터널을 무사히 통과할 수 있도록 도와 주는 것에 불과합니다. 하나님만이 고통당하는 사람을 완전히 위로할 수 있습니다. 하나님만이 고통당하는 사람을 치료할 수 있습니다. 우리는 그들을 치료할 수 없습니다. 우리가 무슨 재주로 그들의 고통을 치료할 수 있습니까? 우리는 단지 그들이 고통의 터널을 지나갈 동안 잠시 도와 주는 정도밖에 할 수 없습니다. 그러므로 우리가 명심할 것은 마치 자기가 치료자가 된 것처럼 함부로 말하는 것을 삼가해야 합니다. 침묵이 때로는 더 지혜로운 말이 될 수 있습니다. 침묵이 때로는 말로 할 수 없는 위로를 상처받은 가슴에 전해 줄 수 있습니다. 말이 필요할 때도 있지만 말이 필요 없을 때가 더 많다는 것을 기억해 둘 필요가 있습니다.

침묵은 기도다

욥의 친구들이 입을 열지 않았을 때는 참 놀라운 위로자였습니다. 그러나 그들이 입을 열기 시작하면서부터 그들은 사나운 학대자로 바뀌고 말았습니다. 욥기 19장 21, 22절에서 욥은 너무나 기가 막혀서 이렇게 하소연합니다. "나의 친구야 너희는 나를 불쌍히 여기라 나를 불쌍히 여기라 하나님의 손이 나를 치셨구나 너희가 어찌하여 하나님처럼 나를 핍박하느냐 내 살을 먹고도 부족하냐."

우리 역시 함부로 입을 열면 위로자가 아니라 도리어 핍박자가 되기 쉽습니다. 침묵은 기도를 의미합니다. 고통당하는 자를 위해서 기도한다는 것을 의미합니다. 마음으로 "주여 이 형제를 도와 주옵소서." 하고 기도하는 것입니다. 입을 다물고 기도해 주는 편이 쓸데없는 말을 하는 것보다 훨씬 더 낫습니다. 우리는 침묵의 잠재력을 배워야 합니다. 이것이 좋은 위로자가 될 수 있는 첩경이라는 것을 알아야 합니다.

우리 중에는 지금 위로가 필요한 사람들이 너무나 많습니다. 요즈음 경제 사정이 좋지 않아서 회사마다 감원을 많이 한다고 합니다. 자녀들이 한창 공부할 시기에 가장이 실직을 하면 그 가정은 여간 힘들지 않습니다. 또 자녀가 재수 삼수를 했는데도 합격하지 못해 실의에 빠진 가정도 있습니다. 또 교회 안에 중병을 앓고 있는 사람도 많습니다. 우리가 어떻게 그들을 위로할 수 있습니까? 당신은 그들에게 좋은 위로자가 되고 싶습니까? 그들의 딱한 처지를 나의 처지처럼 여기고 함께 있으면서 위로해 주는 자가 되고 싶습니까? 찾아가 주고 함께 울어 주고 땅바닥에 앉아 함께 있어 주는 위로자가 되고 싶습니까? 그들은 말이나 지식이 필요한 사람들이 아닙니다. 마음에 있는 사랑을 표정으로 행동으로 보여 주는 진정한 위로가 필요합니다. 우리는 그들의 슬픔을 치료할 수 없습니다. 단지 우리가 좋은 위로자가 될 때 주님이 우리를 통해서 그들을 치료해 주시는 것입니다.

우리는 작은 예수가 되어 고통당하고 슬퍼하는 자들을 위로해야 합니다. 그럴 때에 그들에게 예수 그리스도의 위로가 넘치게 됩니다. 아무리 고통이 심하고 슬픔의 골이 깊다고 할지라도 예수님은 우리를 통해 그들을 일으켜 세우시고, 힘을 주시고, 능력을 주시고, 싸매어 주십니다. '나만 편하면 된다.' 하는 이기적인 생각을 가지고 형제를 보지 마십시오. "저 형제의 슬픔이 곧 나의 슬픔이다." 하는 심정을 가져야 합니다. 우리 모두가 이렇게 진정으로 형제를 위로해 주는 하나님의 자녀가 되어야 합니다. 오늘 우리는 이와 같은 위로자가 절실히 요구되는 시대에 살고 있습니다. 바로 우리가 이런 위로자가 되어 주님 앞에 쓰임 받을 때 하나님의 나라에 큰 역사가 일어날 것이라고 믿습니다.

아무리 절망이 커도

그 후에 욥이 입을 열어 자기의 생일을 저주하니라 (욥기 3:1).

어찌하여 내가 태에서 죽어 나오지 아니하였었던가
어찌하여 내 어미가 낳을 때에 내가 숨지지 아니하였던가
어찌하여 무릎이 나를 받았던가 어찌하여 유방이 나로 빨게 하였던가
그렇지 아니하였던들 이제는 내가 평안히 누워서 자고 쉬었을 것이니
자기를 위하여 거친 터를 수축한 세상 임금들과 의사들과 함께 있었을 것이요
혹시 금을 가지며 은으로 집에 채운 목백들과 함께 있었을 것이며
또 부지중에 낙태한 아이 같아서 세상에 있지 않았겠고
빛을 보지 못한 아이들 같았었을 것이라
거기서는 악한 자가 소요를 그치며 거기서는 곤비한 자가 평강을 얻으며
거기서는 갇힌 자가 다 함께 평안히 있어 감독자의 소리를 듣지 아니하며
거기서는 작은 자나 큰 자나 일반으로 있고
종이 상전에게서 놓이느니라 (욥기 3:11~19).

이 세상에서는 고통당하는 이유를 잘 몰라도 좋습니다. 이 세상에서 내가 고통당하는 모든 보상을 받지 못해도 좋습니다. 그러나 그 나라에 가면 주님께서 모든 의문점에 대해서 대답해 주실 것입니다.

"믿음이 좋은 사람도 절망에 빠지는가?" 여기에 대해서 욥은 이렇게 대답을 합니다. "아무리 투철한 믿음을 가진 사람이라 할지라도 자기 힘으로 이길 수 없는 불행을 만나면 어쩔 수 없이 절망하며 한동안 캄캄한 골짜기를 방황하게 된다."

욥기에서 발견할 수 있는 강점은 한 마디로 솔직함이라고 말할 수 있습니다. 욥기 저자는 서두에서 욥이 순전하고 정직하여 하나님을 경외하며 악에서 떠난 사람이라고 극찬합니다. 그럼에도 불구하고 욥기 전체를 볼 때 그의 믿음을 돋보이게 하기 위해서 이것저것을 과장하거나 그의 좋은 점만을 나열하지는 않았습니다. 오히려 그가 얼마나 나약한 인간인가를 숨김없이 내보이고 있습니다. 그의 상처 입은 감정을 감추려 하지도 않습니다. 욥이 입은 상처가 그를 얼마나 힘없이 흔들리게 하는지를 조금도 미화하지 않고 있는 그대로 적나라하게 기록하고 있습니다. 이것이 욥기의 매력으로, 욥기가 가지고 있는 강점이요 은혜라고 할 수 있습니다.

하나님을 잘 믿는 사람이 뜻하지 않은 고난을 당하면 정신적으로 어떤 위기를 겪게 됩니까? 그 감정은 어떤 단계를 거치면서 변하게 됩니까? 그리고 그 고통을 견디어 나가는 데 가장 어려운 문제는 무엇입니까? 이런 문제들을 배우는 데는 성경에서 욥만큼 훌륭한 스승이 없다고 생각합니다. 그는 자기 체험을 자상하고 솔직하게 가르쳐 주는 지혜로운 인생의 길잡이가 됩니다. 그러므로 우리는 어려운 역경을 만난 형제를 바로 이해하기 위해서, 또 자신이 역풍에 휘말리는 그런 때에 대비하기 위해서 욥에게서 지혜를 배워야 합니다. 우리는 잿더미 위에 앉아 절망하고 있는 욥의 가슴속을 한번 들여다 볼 필요가 있습니다. '아무리 믿음 좋은 사람도 이럴 수 있구나.' 하는 것을 깨닫는다면 우리 모두의 신앙생활에 큰 격려가 될 것입니다.

1960년대에 시카고 대학교에서 일하던 엘리자벳 쿠블러 로스라는 심리학자가 『죽음과 죽는 것』이라는 책을 낸 적이 있습니다. 환자가 의사로부터 시한부 인생을 선고받았을 때 일어나는 여러 가지 심리 변화를 연구 분석하여 기록해 놓은 책입니다. 평소에 건강을 자신하던 사람이 뭔가 좀 이상해서 병원에 가 진찰을 받습니다. 그런데 의사로부터 몇 달 남지 않았다는 청천벽력과 같은 선고를 받는 경우가 종종 있습니다. 그때 사람들이 보이는 반응을 심리적인 측면에서 연구한 것입니다. 그의 연구 결론은 이렇습니다. 처음에는 환자가 의사의 말을 부정한다고 합니다. "아니야, 아니야. 나는 그런 사람이 아니야. 의사가 오진했어. 나에게는 절대 그런 일이 일어날 수 없어." 하고 부정을 하는 것입니다. 그 다음에는 분노를 터뜨린다고 합니다. "왜 내가 이런 일을 당해야 돼? 나보다 더 악한 사람도 멀쩡한데 왜 내가 이런 일을 당해?" 하고 화를 낸다는 것입니다. 그리고 좀 지나고 나면 협상을 한다고 합니다. "하나님, 저를 고쳐주시면 주님을 위해서 살겠습니다. 목사가 되겠습니다. 선교사가 되겠습니다. 목숨만 살려 주십시오." 하고 협상을 한다는 것입니다. 그러다가 좀 지나면 깊은 영적 침체에 빠진다고 합니다. 일종의 우울증입니다. 그러다가 마지막 단계에 가서는 모든 것을 포기하고 자기에게 주어진 운명을 그대로 수용하는 자세로 바뀐다고 합니다.

욥의 절망, 분노, 고독, 영적 침체, 하소연…

욥기를 읽으면 욥이 입을 열고 쏟아 놓은 말들이 참 많다는 것을 알게 됩니다. 장장 20장이나 됩니다. 그 형식은 자기를 비판하고 훈계하는 세 친구에 대해서 한 사람씩 대답해 주는 것으로 되어 있습니다. 그러나 그의 말을 전부 종합해 보면 마치 병원에서 사형 선고를 받은 환자와 비슷한 심리적인 반응이 나타나고 있는 것을 볼 수 있습니다. 욥에게 구체적으로 어떤 반응이 일어나고 있습니까? 먼저 절망합니다. 그 다음에는 분노를 터뜨립니다. 고독을 외칩니다. 또 깊은 우울증, 영적 침체에 빠집니다. 그리고 나중에는 기러기처럼 외마디로 자기의 고통을 하소연합니다. 그러나 그런 과정들이 꼭 순서적으로 진행되고 있는 것은 아닙니다. 기복이 대단히 심한 것 같습니다. 그리고 매우 복잡한 양상을 띠고 나타나는 것을 발견할 수 있습니다. 절망으로 깊이 빠지는가 하면 하나님께 부르짖고 있습니다. 체념하는 듯하다가 갑자기 걷잡을 수 없는 분노를 표출하기도 합니다. 욥이 걸어갔던 이 고통의 순례 과정을 따라가면서 그 가운데 중요한 몇 가지 사실을 살펴보고자 합니다.

첫째로, 절망을 들 수 있습니다. 욥은 절망했습니다. 그가 얼마나 무서운 충격을 받았는가는 한동안 말문을 닫고 있었다는 것을 보면 짐작할 수 있습니다. 그는 8일만에 입을 열었습니다. 그가 입을 열자 자기의 생일을 저주하는 말을 하기 시작합니다. 이것은 그가 어두운 절망 속에 깊이 빠져 있다는 것을 의미합니다. 그의 절망은 "이제 살고 싶지 않다. 죽고 싶다."는 정도가 아니라 그 이상의 것이었습니다. 세상에 이보다 더 큰 절망이 어디 있겠습니까? 자기 존재의 시작을 저주하는 것만큼 기가 막힌 절망은 없을 것입니다. 욥이 당한 절망은 그 밑바닥을 찾아보기가 어려울 정도입니다.

"그후에 욥이 입을 열어 자기의 생일을 저주하니라 욥이 말을 내어 가로되 나의 난 날이 멸망하였었더라면 남아를 배었다 하던 그 밤도 그러하였었더라면"(3:1, 2). 그리고 11절부터 유명한 '어찌하여'의 독백이 나옵니다. "어찌하여 내가 태에서 죽어 나오지 아니하였었던가 어찌하여 내 어미가 낳을 때에 내가 숨지지 아니하였던가 어찌하여 무릎이 나를 받았던가 어찌하여 유방이 나로 빨게 하였던가." 그가 얼마나 깊은 절망의 수렁 속에 빠져 있는가를 쉽게 알 수 있습니다. 17절부터는 '거기서는'의 독백이 나옵니다. "거기서는 악한 자가 소요를 그치며 거기서는 곤비한 자가 평강을 얻으며 거기서는 갇힌 자가 다 함께 평안히 있어 감독자의 소리를 듣지 아니하며 거기서는 작은 자나 큰 자나 일반으로 있고 종이 상전에게서 놓이느니라." 세상에 태어나 빛을 보지 못한 채 죽어 버린 사생아들이 모여 있다고 생각되는 그곳은 자기가 당하는 고통을 알지 못하는 지극히 평화로운 곳인데 왜 자기는 불행하게도 태어나서 이 모양이 되고 이 고통 속에서 울부짖는가 하는 극심한 절망을 표현하고 있는 것입니다.

그러나 욥은 하나님을 부인하거나 저주하는 불신앙의 절망을 하지 않습니다. 우리는 이것을 주목해야 합니다. 신앙이 없어서 생긴 절망이 아니라 자기가 당하는 고통과 슬픔을 견딜 수가 없어서 빠져드는 인간적인 절망입니다. 하나님은 선한 분이라는 믿음을 버린 것이 아닙니다. 그렇지만 하나님이 선하시다고 하는 그 믿음 자체도 이제는 한계점에 도달한 것 같은 위기에 빠져들고 있습니다. 우리는 한 사람도 예외 없이 신앙의 사람이기 전에 가냘픈 풀잎과 같은 인간이라는 사실을 인정해야 합니다. 믿음이 좋으면 덜 인간적일 수 있다는 생각을 가끔 하는데 이것만큼 위험한 발상은 없습니다. 믿음 좋은 사람은 무슨 일을 당해도 절망하지 않는다고 큰소리를 치는 자들이 있습니다. 저는 거기에 동의하지 않습니다. 절망하는 시간이 얼마나 길고 짧은가 하는 것이 차이가 날 뿐입니다. 끔찍한 일을 당하고도 절망하지 않는 사람은 없습니다.

만약 애지중지 키운 자녀를 갑자기 잃었다면 땅을 치며 통곡하지 않을 부모가 어디 있겠습니까? 기도로 시작한 사업이 엉뚱한 사람에게 넘어가는 것을 보고 휘청거리지 않을 사람이 어디 있겠습니까? 끔찍한 일을 당하면 누구나 절망감을 느낍니다.

뜰에 등잔불을 걸어 놓았다고 한번 상상해 보십시오. 바람이 거세게 불어오고 있습니다. 불은 꺼지지 않지만 등잔불은 금방 날아갈 듯이 흔들립니다. 마찬가지로 믿음 좋은 사람도 인생고의 거센 바람 앞에서는 절망으로 한동안 흔들릴 수 있습니다. 이것이 정상입니다. 우리는 이 사실을 욥을 통해서 배울 수 있습니다.

그러므로 우리는 먼저 인간적인 연약함을 이해할 줄 알아야 합니다. 믿음이 큰 것은 좋은 일이지만 자기가 마치 하나님이 된 것처럼 거드름을 피우면서, 고통을 안고 절망하는 형제를 보고 "왜 절망합니까? 그렇게 믿음이 없습니까?" 하는 식으로 말하면 안 됩니다. 우리는 그런 강퍅한 사람, 무서운 사람이 되어서는 안 됩니다.

아무리 믿음 좋은 사람이라도

둘째로, 분노를 들 수 있습니다. 욥은 분노했습니다. 자신에게 일어난 일을 받아들이기를 거부하는 일종의 반항이요 갈등이라고 볼 수 있습니다. 믿음이 좋은 사람일수록 분노하는 증세가 더 뚜렷하게 나타나는 것을 봅니다. 욥처럼 의롭게 산 사람일수록 분노의 격정은 더 거세지는 것 같습니다. "내가 무엇을 잘못했다고 그래? 더 나쁜 사람도 다 건재하지 않아? 잘 믿으려고 지금까지 애쓴 보람이 이거야? 주님이 정말 살아 계신다면 이럴 수 있어?" 하고 하늘을 향하여 주먹을 휘두르는 분노, 이것을 지금 욥이 그대로 보여 주고 있습니다. 생각하면 할수록 억울한 감정이 분노로 이어지는데 이 지경이 되면 누구나 입을 다물고 있을 수 없습니다. 입을 한번 열었다 하면 자기도 주체하지 못할 말들이 막 쏟아져 나옵니다. 23장 2절에서 욥은 이렇게 말합니다. "내가 오늘도 혹독히 원망하니 받는 재앙이 탄식보다 중함이니라." 욥은 자기가 왜 끔찍한 일을 당해야 하는지 아무리 궁리를 해도 그 이유를 찾아낼 수가 없었습니다. 이유를 모르니 더 억울하고, 더 원망스럽고, 화가 나는 것입니다. 무슨 어려운 일을 당해도 왜 당하는지 그 이유를 알면 견딜 수도 있고 어떤 면에서는 묵묵히 짊어지고 나갈 수도 있습니다. 그러나 이유를 모를 때는 그 까닭을 모르기 때문에 더 안달이 납니다. 더 답답합니다. 더 울분이 생깁니다. 아마 욥의 심정이 그랬을 것이라고 봅니다.

우리는 성경을 읽으니까 욥이 왜 그런 일을 당하는지 처음부터 마지막까지 다 꿰뚫어 보고 있습니다. 하나님의 어떤 계획이 있다는 것도 우리는 알고 있습니다. 그러나 욥은 마치 구름 덮인 하늘을 쳐다보듯이 저쪽의 일을 전혀 알 수가 없었습니다. 왜 그와 같은 끔찍한 일들이 찾아왔는지 아무리 생각해도 대답을 찾을 수가 없었던 것입니다. 자식이 죽고, 재산이 날아가고, 건강 잃어버리고, 아내가 도망치는 끔찍한 일들에 하나님에 대한 자신의 믿음을 조화시켜 보려고 무척 애를 써 보았지만 다 헛일이었습니다. 자기의 불행을 신앙적으로 해석해 보려고 했으나 대답이 나오지 않았다는 말입니다. 그래서 그는 치밀어 오르는 분노를 참을 수가 없었습니다.

욥이 알고 있는 하나님은 선하신 분이었습니다. 그가 지금까지 믿은 하나님은 의로운 자를 복 주시는 분이요, 끝까지 보호해 주시는 참 신실한 분이었습니다. 그러나 막상 자기에게 일어난 일을 보니 그런 하나님이 아니었다는 말입니다. 어딘가 속은 듯한 감정을 진정시킬 수가 없었습니다. 그래서 마음에 분이 일어난 것입니다. 그의 마음에 원망이 치솟아 올랐습니다. 욥은 자기가 죄가 아주 없는 사람은 아니지만 패가망신 당하는 천벌을 받아야 할 만큼 끔찍한 죄를 지었다고는 생각지 않았습니다. 그러니까 그의 마음에 분노가 사라지지 않았습니다. 9장 17, 18절에서 그는 하나님을 향해서 이렇게 말합니다. "그가 폭풍으로 나를 꺾으시고 까닭 없이 내 상처를 많게 하시며 나로 숨을 쉬지 못하게 하시며 괴로움으로 내게 채우시는구나." 얼마나 한이 맺힌 소리입니까? "하나님, 당신이 왜 내게 이렇게 합니까?" 하는 말입니다. 일반적인 경우, 고통을 당하는 성도들의 가슴속에 이와 비슷한 분노가 있는 것을 보게 됩니다. 누구보다도 예수를 잘 믿으려고 남달리 노력한 사람일수록 곤경을 당하면 이와 같은 분노의 감정이 더 뜨겁게 타오르는 것을 볼 수 있습니다.

어떤 믿음 좋은 여집사가 갑자기 남편을 잃고 나서 저를 붙들고 한 말이 아직도 기억납니다. 조용하고 부드럽게 하는 말이지만 그 말 속에는 가시가 있었습니다. "목사님, 제 남편처럼 그렇게 예수 잘 믿으려고 한 사람도 드문데 왜 그 사람이 젊은 나이에 죽어야 합니까?" 그 말의 배후에는 "나는 도무지 받아들일 수가 없어요. 나는 도무지 화가 나서 견딜 수가 없어요." 하는 감정이 숨어 있는 것입니다.

제가 존경하는 어느 목사님이 40대 후반에 세상을 떠났습니다. 그 목사님이 세상을 떠나자 자녀들이 얼마나 정신적으로 고통을 당했는지 모릅니다. 그때 고등학생이던 둘째 아들이 하나님을 향해서 분노를 터뜨렸습니다. "우리 아버지가 뭘 잘못했나요? 지금까지 고생만 했어요. 굶주리고 헐벗으면서 농촌 교회를 돌아다니며 복음을 전하려고 온갖 고생을 다 했어요. 하나님을 사랑하고 하나님을 섬기는 일에는 누구보다도 앞장섰던 우리 아버지가 왜 이렇게 당해야 합니까? 당신이 살아 있다면 정말 이런 일이 일어날 수 있겠습니까?" 하고 하나님을 향해 대들었습니다. 그리고 교회를 떠났습니다. 14년의 세월이 흘렀습니다. 아직도 그는 교회로 돌아오지 않고 있습니다. 얼마나 화가 났으면…. 그러나 저는 하나님께서 그 형제를 이해하고 계신다고 생각합니다. 분노하는 것을 비정상적으로 보지 마십시오. 신앙이 없어서 그렇다고 판단하지 마십시오. 그것을 수준이하의 반응으로 보지 마십시오. 욥처럼 그렇게 위대한 사람도 하나님을 향해서 분노를 터뜨렸습니다. 하나님의 뜻을 다 알 수 없는 인간이기에 분노하는 것입니다. 우리가 하나님의 뜻을 분명히 알 수만 있다면 얼마나 좋을까요? 그러면 잠잠히 수긍할 수도 있고 얼마든지 인내할 수도 있을지 모릅니다.

셋째로, 영적 침체를 들 수 있습니다. 욥은 하나님이 계시지 않은 것 같은 불안과 공포를 느끼고 있었습니다. 이제는 아무것도 할 수 없다는 무력감을 느끼고 있었습니다. 이런 감정들이 합병증을 일으키는 증세가 바로 영적 침체입니다. 마음은 가라앉을 대로 가라앉아 버립니다. 기도할 의욕이 나지 않습니다. 기도를 해도 아무 소용이 없다고 체념하게 됩니다. 자기처럼 불행하고 불쌍하고 무가치한 사람은 이제 살 가치조차 없다고 하는 자학 증세를 보입니다. 옛날이 그리워지면서 그때와 지금이 너무 다른 데서 오는 고통을 주체하지 못합니다. 그래서 밤이면 불면증으로 시달리고 식욕을 잃고 제대로 먹지를 못합니다. 아무리 절제하려고 해도 절제가 되지 않아 눈물은 자꾸 나오고, 죽고 싶은 충동이 간간이 괴롭히는, 그야말로 아주 무서운 정신적인 고통을 겪습니다. 이것을 심리학적으로 우울증이라고 하고 침체라고도 말합니다.

욥은 이렇게 말합니다. "나의 소망이 어디에 있으며 나의 소망을 누가 보겠느냐"(17:15, 16). 이 말은 "나에게 이제 소망이 없어. 끝장이야." 하는 말이나 다름없습니다. "내가 이전 달과 하나님이 나를 보호하시던 날에 지내던 것같이 되었으면 그때는 그의 등불이 내 머리에 비취었고 내가 그 광명을 힘입어 흑암에 행하였었느니라"(29:2, 3). 즉 다시 옛날로 돌아가서 행복하게 살아 보았으면 하는 말입니다. 또 그는 "내가 주께 부르짖으오나 주께서 대답지 아니하시오며 내가 섰사오나 주께서 굽어보시기만 하시나이다."(3:20)라고 고백합니다. 하나님으로부터 버림받은 것 같은 공허함과 고독한 심정을 견디다 못해 토로하고 있는 것입니다. 바로 영적 우울증에 빠져 버린 상태를 말합니다. 역경이 금방 가시지 않고 오래 지속되면 믿음과 관계없이 이런 침체에 빠질 수 있습니다. 가장 어려운 시기이고 누구나 다 겪을 수 있는 고통의 고비라고 말할 수 있습니다. 믿음 좋은 사람도 그렇게 됩니까? 그렇습니다. 믿음 좋은 사람도 영적으로 침체에 빠질 수 있습니다. 이것이 욥을 통해서 얻을 수 있는 대답입니다.

지금까지 우리는 욥이 고난 중에 겪었던 정신적인 갈등 몇 가지를 살펴보았습니다. 이것을 통해서 우리는 욥이 지닌 인간적인 일면을 적나라하게 엿볼 수 있었습니다. 그러나 이것은 욥만의 경험일 수 없습니다. 믿음이 좋고 나쁘고를 떠나서 누구든지 당할 수 있는 인간적인 진통이라고 할 수 있습니다.

C. S. 루이스 교수는 뛰어난 믿음을 가진 사람이었습니다. 그는 탁월한 저술가요 탁월한 기독교 변증가였습니다. 20세기가 낳은 가장 위대한 변증가라 해도 과언이 아닐 것입니다. 그러나 그는 50대에 들어서 아내를 잃었습니다. 이때 그가 겪었던 정신적인 고통은 바로 욥이 겪었던 정신적인 고통과 별로 다를 바가 없었다고 합니다. 그는 자기의 심정을 이렇게 기록했습니다. 그의 책 중에 나오는 내용입니다.

"오늘 밤도 엄청난 슬픔이 다시 터졌다. 실성한 말들, 격렬한 분노, 원망스러움, 위의 불규칙한 울렁거림, 악몽 같은 비현실성, 범벅이 된 눈물, 슬픔 때문에 모든 것이 안정을 잃어버리고 있다. 하나의 슬픔을 떨치면 또 다른 슬픔이 계속 나타나고 그것은 언제나 반복적으로 일어난다. 끝도 없이 일어난다. 내가 끝없는 원을 따라 빙빙 돌고 있는가? 아니면 내가 종점이 있는 나선 위에 있기를 감히 바랄 수나 있을는지? 만일 내가 나선 위에 있다면 내가 위로 올라가는 것일까? 아니면 내려가는 것일까?"

이런 고통은 C. S. 루이스만의 경험이 아닙니다. 우리 모두의 경험이 될 수도 있습니다.

믿음의 밧줄에 매달려 절망한 욥

욥이 고통을 헤치고 나가는 과정에서 참으로 놀랍고 감탄할 수밖에 없는 두 가지 사실을 발견할 수 있습니다. 그 하나는, 그가 처음부터 마지막까지 믿음의 밧줄에 매달려 있었다는 사실입니다. 화를 내고 반항도 해보지만 믿음의 밧줄에 매달린 채 절망하는 욥을 볼 수 있습니다. "내가 생명을 싫어하고 항상 살기를 원치 아니하오니 나를 놓으소서 내 날은 헛것이니이다 사람이 무엇이관대 주께서 크게 여기사 그에게 마음을 두시고 아침마다 권징하시며 분초마다 시험하시나이까."(7:16~18)라고 묻고 있습니다. 절망을 하면서도 하나님이 분초마다 자기를 지키시고 간섭하신다는 믿음을 잃어버리지 않고 있는 것입니다. 조금도 틈을 주지 않고 하나님이 자기를 지키고 계신다는 믿음을 내버리지 못하는 것을 여기서 엿볼 수 있습니다. "내가 바다이니까 용이니이까 주께서 어찌하여 나를 지키시나이까"(7:12). 화가 나서 못 견뎌도 하나님이 자기를 꼭 지켜보고 있다는 믿음은 잃지 않고 있습니다. 참으로 놀라운 일입니다.

욥기를 고난의 성경이라기보다는 믿음의 성경이라고 이름을 붙인 사람이 있는데 일리가 있는 이야기입니다. 욥은 하나님을 믿을 수 있는 아무 증거를 가지고 있지 않음에도 불구하고 하나님을 믿는 믿음을 끝까지 붙들었습니다. 하나님을 믿을 수 없는 많은 시련들을 겪으면서도 끝까지 믿음을 저버리지 않았습니다.

또 하나, 놀라운 사실이 있습니다. 결국 욥이 오르게 될 정상은 오직 하나님만 바라보는 소망의 자리였다는 사실입니다. 16장, 17장에서 소망의 불꽃이 보이기 시작하여 19장에 가서는 그 소망의 불꽃이 환하게 타오르는 것을 보게 됩니다. "지금 나의 증인이 하늘에 계시고 나의 보인이 높은 데 계시니라 나의 친구는 나를 조롱하나 내 눈은 하나님을 향하여 눈물을 흘리고 사람과 하나님 사이에와 인자와 그 이웃 사이에 변백하시기를 원하노니"(16:19~21). 여기서 '보인'이라는 말은 보호자, 변호자라는 뜻입니다. 이 말씀은 무엇을 말하고 있습니까? 욥이 하나님만 바라는 사람으로 바뀌어 가고 있다는 것을 보여 줍니다. 소망의 자리로 한걸음 다가가고 있는 욥을 볼 수 있습니다.

19장 25, 26절은 욥기서 중에서 가장 중요한 본문이라고 할 수 있습니다. "내가 알기에는 나의 구속자가 살아 계시니 후일에 그가 땅 위에 서실 것이라 나의 이 가죽 이것이 썩은 후에 내가 육체 밖에서 하나님을 보리라." 여기서 '구속자'라는 말은 '가족의 권리 이행자'라는 뜻입니다. '억울함을 풀어 주는 자'라는 뜻입니다. 가족 중에 한 사람이 살해당했다고 할 때 그를 죽인 원수를 찾아가서 복수해 주는 사람을 일컬어서 '구속자'라고 하는 것입니다. "내가 지금은 몹시 억울하게 느껴지지만 나의 이 억울함을 풀어 주실 자가 살아 계신다. 그분이 누구냐? 하늘에 계신 하나님 아버지시다. 지금은 모르지만 그가 이 땅 위에 서시는 그 날, 내가 이 가죽 벗고 이 세상을 떠나는 그 날, 나의 억울함을 풀어 주시는 하나님을 내가 만나게 되리라."

욥은 이 구속자 되신 하나님을 만나고 싶어 얼마나 몸부림을 쳤는지 모릅니다. "내가 어찌하면 하나님 발견할 곳을 알꼬 그리하면 그 보좌 앞에 나아가서 그 앞에서 호소하며 변백할 말을 입에 채우고 내게 대답하시는 말씀을 내가 알고 내게 이르시는 것을 내가 깨달으리라"(23:3~5). 즉 '세상에서 속시원히 대답을 못 들어도 좋다. 그 나라에 가면 하나님이 반드시 답을 주실 것이다. 사람들이 욕하고 멸시해도 좋다. 그 나라에 가면 하나님은 나를 위로하실 것이고 내가 풀지 못해 몸부림치던 어려운 문제들에 대해서 해답을 주실 것이다. 사람은 소용없다. 이제는 하나님만 바라보자. 하나님을 만날 때까지 아무리 어려움이 심해도 참고 견디자. 끝까지 감수하자. 이제 마음을 다 비우고 세상의 미련을 다 끊어 버리고 하나만 바라보리라.' 라는 고백입니다. 소망의 사람으로, 하나님만 바라보는 사람으로 바뀌어 가는 욥의 모습을 보게 됩니다.

욥은 괴롭고 슬플 때마다 하나님이 자기를 대적한다고 생각했지만 실은 하나님이 그를 돕고 계셨습니다. 절망의 자리에서 소망의 자리로 발걸음을 옮길 수 있도록, 보이지 않는 손으로 뒤에서 밀어 주고 계셨습니다. 그래서 욥은 23장 10절에서 이렇게 고백합니다. "나의 가는 길을 오직 그가 아시나니 그가 나를 단련하신 후에는 내가 정금같이 나오리라." 정금같이 단련된 마음을 가지고 하나님만 바라볼 수 있도록 주님이 그를 인도하셨던 것입니다.

우리는 욥을 통해서 배워야 합니다. 하나님의 자녀는 아무리 이해가 안 되는 고통을 당해도 믿음에서 떠날 수 없습니다. 그 이유는 고통 중에 있는 사람에게는 믿음이 그의 사활을 좌우하는 중요한 문제이기 때문에 하나님께서는 그 믿음을 잃지 않도록 특별히 은혜를 주십니다. 다른 것은 다 잃어버리는 한이 있더라도 믿음만은 버리지 않도록 고통 중에서도 우리를 돕고 계시기 때문입니다. 하나님의 자녀는 슬픔을 못 이겨서 절망할 수도 있습니다. 분노할 수도 있습니다. 침체의 늪에 빠져 허우적거릴 수도 있습니다. 외기러기처럼 울부짖는 캄캄한 밤을 보낼 수도 있습니다. 그러나 하나님은 그 가운데서도 우리를 떠나지 아니하시고 우리로 하여금 소망을 갖도록 우리 눈을 씻어 주시고 점점 더 높고 넓은 곳으로 인도하고 계십니다. "여호와 앞에 잠잠하고 참아 기다리라"(시 37:7). "주여 내가 무엇을 바라리요 나의 소망은 주께 있나이다"(시 39:7). 결국은 우리가 이런 고백을 할 수 있도록 하나님께서 우리를 인도하고 계십니다.

우리 교회 안에는 여러 가지 고통을 안고 있는 형제 자매들이 많습니다. 그래서 '선하신 하나님이시라면 왜 저렇게 어려움을 당하게 내버려 두실까?' 하는 의문이 저에게도 종종 찾아오는 것이 사실입니다. 어떤 사람은 절망하고 있습니다. 어떤 사람은 분노를 삭이지 못하고 원망하고 있습니다. 어떤 사람은 힘을 잃고 일어나지 못합니다. 자신이 절망하기도 하고 분노하기도 하고 어떤 때는 우울증에 빠져 헤매이기도 하지만 그러한 자신의 나약함을 탓하지 마십시오. 욥과 같이 위대한 사람도 그런 고난의 과정을 경험했는데 우리 같은 사람이 어려운 일을 당할 때 그런 고통을 겪지 않는다고 어떻게 장담할 수 있겠습니까? 그러므로 자신의 약한 점을 탓해서는 안 됩니다. 그 대신 우리가 견디기 어려운 고통 중에 빠져 있을 때 하나님께서 믿음을 잃지 않도록 우리를 특별한 방법으로 돕고 계신다는 것을 꼭 믿어야 합니다. 아무리 어려움을 당해도 하나님은 우리를 믿음의 밧줄에 꼭 매달아 놓고 계신다는 사실을 기억하십시오. 우리가 아무리 절망의 자리에 빠졌다고 할지라도 하나님은 우리가 소망의 자리로 발걸음을 옮겨 놓을 수 있도록 등을 밀고 계십니다. 그래서 결국은 저 높은 정상에 우리를 우뚝 세워 주십니다. 우리 발을 사슴같이 만들어 높은 곳을 다니게 하십니다. 아무리 그 고통이 극심해도 그 고통 앞에 무릎 꿇는 패배자가 되지 않도록 하나님은 끝까지 우리를 돕고 계십니다.

그 나라에 가면 하나님이 대답하신다

어떤 부부의 이야기입니다. 그 부부는 1988년에 우리 교회에 등록을 하고 함께 세례를 받았습니다. 그 부부가 얼마나 믿음이 좋았던지 교회 안에 있는 성경공부 프로그램에 할 수만 있다면 다 참석을 했습니다. 그리고 봉사 활동도 열심히 했습니다. 정말 꿈 같은 신앙생활을 하고 있었습니다. 집도 교회 근처로 옮겼습니다. 그런데 2년 전부터 남편의 신앙이 병들기 시작했습니다. 교회 가기를 싫어하더니 나중에는 세상으로 점점 빠져들어 갔습니다. 그렇게 믿음 좋던 사람이 하루아침에 돌변한 것입니다. 급기야 그는 부인에게 이혼을 요구했습니다. 부인은 거부했습니다. 그 결과, 부부가 한 지붕 아래 있으면서도 별거를 하는 기막힌 생활을 하기 시작했습니다. 부인의 고통은 극에 달했습니다. 남편이 자동차 키도 빼앗아 갔습니다. 생활비도 주지 않습니다. 그리고 더 나아가서는 새벽기도 나가는 것도 방해하고 신앙생활하는 것을 핍박하기 시작했습니다. 부인은 자기에게 닥쳐온 역경을 헤쳐나갈 만한 힘이 없었습니다. 그러나 그가 보내온 편지 중에 이런 구절이 있었습니다.

"지난 일 년 동안 저의 고통은 너무나 커서 주님께 감당 못하겠다고 부르짖기도 했지만 주님은 은혜를 주셔서 그 고난 속에서 견딜 수 있게 하시고 주님의 평강을 맛보게 하셨어요. 욥이 당한 모든 일이 하나님의 주권 속에서 일어난 것임을 보면서 하나님의 눈으로 저의 고난을 보게 하심도 감사해요. 그러나 지금도 이런 일이 왜 일어났는지 이해가 되지 않아요. 그렇지만 하나님은 저를 이해시켜 놓고 일하시는 분이라고 생각지 않습니다. 하나님은 모든 행하시는 것을 스스로 진술치 아니하신다고 하셨으니까 그 주님께 맡겨 드릴 수밖에 없습니다. 제 남편이 잘못된 길을 떠나서 다시 주님의 품으로 돌아올 날이 반드시 올 것입니다. 그날이 속히 와서 주님께 찬송하기 바랄 뿐입니다. 오늘도 주님만 바라보며 주님이 걸어가라고 하는 대로 이 고난 견디며 이 가정 지키며 살겠습니다."

이 편지 가운데서 우리가 발견할 수 있는 놀라운 은혜가 있습니다. 바로 욥기를 읽으며 발견할 수 있는 은혜입니다. 그렇게 힘든 고통을 겪으면서도 하나님을 의지하는 믿음이 살아 있습니다. 또한 반드시 하나님께서 자기의 가정에 평화를 주실 것이라는 소망을 갖고 있다는 것입니다. 욥에게서 우리가 믿음과 소망을 발견하고 이 자매에게도 믿음과 소망을 발견합니다. 이것이 하나님의 은혜입니다. 우리는 아무도 고통당하기를 원치 않습니다. 그러나 생각지도 않은 고통, 이유를 알 수 없는 고통을 당할 때가 있습니다. 그럴 때 우리는 고통의 바람이 아무리 거세도 우리 하나님은 이럴수록 나에게 믿음 주신다, 나에게 소망을 주신다는 사실을 믿어야 합니다. 나로 하여금 하나님을 떠나지 않고 하나님만 바라보도록 나를 밀어 주신다는 것을 확신하기만 하면 이길 수 있습니다.

그래서 우리는 결국 정금같이 단련된 사람으로 하나님 앞에 서게 될 것입니다. 이 세상에서는 고통당하는 이유를 잘 몰라도 좋습니다. 이 세상에서 내가 고통당하는 모든 보상을 받지 못해도 좋습니다. 그러나 욥이 말한 것처럼 그 나라에 가면 주님께서 모든 의문점에 대해서 대답해 주실 것입니다. "네가 왜 세상에서 그렇게 눈물을 흘리면서 살아야 했는지 내가 대답해 주마. 네가 왜 그렇게 남편을 잃었는지 내가 대답해 주마. 네 자녀들이 왜 그렇게 고통을 겪어야 했는지 내가 대답해 주마. 네가 하고자 하는 일이 왜 잘 안 되었지? 그것도 다 이유가 있어서 그렇게 된 것이다. 내가 이제 대답해 주마. 나의 대답을 들으면 네 마음에 기쁨이 넘쳐날 것이다." 우리도 욥처럼 그날을 소망하며 기다려야 합니다.

혹시나 남이 모르는 고통을 안고 신음하는 분이 계십니까? 믿음을 잃지 마십시오. 소망을 잃지 마십시오. 욥은 그 어려운 고통 속에서도 끝까지 믿음과 소망을 잃지 않았습니다. 끝까지 믿음의 밧줄에 매달려 하나님만 바라보는 소망의 자리로 발을 옮겼습니다. 그러므로 하나님이 복 주신 것입니다. 욥에게서 배워야 합니다. 아무리 절망이 커도 우리는 이길 수 있습니다.

죄짓고 벌 받았다는 소리

데만 사람 엘리바스가 대답하여 가로되
누가 네게 말하면 네가 염증이 나겠느냐 날지라도 누가 참고 말하지 아니하겠느냐
전에 네가 여러 사람을 교훈하였고 손이 늘어진 자면 강하게 하였고
넘어져 가는 자를 말로 붙들어 주었고 무릎이 약한 자를 강하게 하였거늘
이제 이 일이 네게 임하매 네가 답답하여 하고 이 일이 네게 당하매 네가 놀라는구나
네 의뢰가 경외함에 있지 아니하냐 네 소망이 네 행위를 완전히 함에 있지 아니하냐
생각하여 보라 죄 없이 망한 자가 누구인가 정직한 자의 끊어짐이 어디 있는가
내가 보건대 악을 밭 갈고 독을 뿌리는 자는 그대로 거두나니
다 하나님의 입 기운에 멸망하고 그 콧김에 사라지느니라
사자의 우는 소리와 사나운 사자의 목소리가 그치고
젊은 사자의 이가 부러지며 늙은 사자는 움킨 것이 없어 죽고
암사자의 새끼는 흩어지느니라 (욥기 4:1~11).

예수님은 어떤 종류의 고통을 당하는 사람 앞에서도 그 고통을 죗값으로 오는 저주나 천벌로 여기지 않으셨습니다. 설령 죗값으로 고통을 당한다 할지라도 주님은 오히려 고통을 은총의 기회로 보셨습니다.

고통이라는 불청객은 사람을 가리지 않고 찾아옵니다. 세상 사람 누구도 고통을 피해갈 수 없습니다. 이것은 우리가 성경 말씀을 통해서, 세상 경험을 통해서 잘 알고 있는 사실입니다.

고통을 당하면 사람들은 너나할것없이 그 이유를 알고 싶어하는 충동을 받습니다. 고통을 당하는 당사자뿐만 아니라 곁에서 그를 지켜 보는 사람까지도 "저 사람이 왜 저런 일을 당하게 됐을까?"라는 궁금증을 가집니다. 이런 관심이 지나치면 사람들은 함부로 남의 문제를 놓고 이러쿵저러쿵 떠들다가 결국은 고통당하는 사람의 상처에다 식초를 갖다 붓는 것과 같은 잔인한 짓을 저지르곤 합니다. 욥의 친구들이 본의 아니게 그렇게 되고 말았습니다. 처음에 세 친구들은 "어떻게 하면 욥을 위로할 수 있을까?" 하고 동정하는 마음으로 찾아왔습니다. 처음 동기는 너무나 아름다웠습니다. 그러나 욥이 겪는 고통을 가까이서 자세히 주목하는 중에 그들의 마음에는 좋지 못한 호기심이 일기 시작했습니다.

우리가 고통 중에 있는 어떤 형제를 찾아갔을 때 그가 당하는 고통이 하찮은 것이면 "세상을 살다보면 이럴 때도 있지요. 조금만 고생하면 곧 좋아질 것입니다." 하고 쉽게 위로를 할 수 있습니다. 그러나 절대로 그런 일이 일어나지 않을 것처럼 생각되던 사람이 엄청난 재난을 당한 것을 보면 그만 마음이 달라집니다. "왜 저런 일을 당하게 됐을까?" 하고 은연 중에 그 이유를 알고 싶어하는 이상한 호기심이 일어납니다. 욥의 친구들도 마찬가지였습니다. 상상을 초월할 만큼 엄청난 재난을 당한 욥을 보면서 "무슨 죄를 지었길래 저렇게 천벌을 받았을까?" 하는 의구심이 그들의 마음을 사로잡았던 것입니다. 우리는 세상에서 악한 짓을 해서 손가락질 받는 사람이 무슨 일을 당하면 별로 놀라지 않습니다. 오히려 그것을 당연한 것처럼 받아들이기도 합니다. 그러나 법 없이도 살 수 있는 호인이라고 생각했던 사람이 무슨 끔찍한 일을 당한 것을 보면 "그 사람, 참 안됐어. 왜 그럴까? 무언가 잘못한 게 있는 거 아냐?" 하는 식으로 생각을 돌려 버립니다. 이것이 인지상정인 것 같습니다.

우리는 욥의 세 친구를 통해서 다른 사람의 고통을 보는 우리의 눈이 얼마나 잘못되기 쉬운가를 배워야 할 것입니다. 그리고 고통당하는 이유에 대해서는 사람이 절대로 옳은 대답이나 만족할 만한 해답을 줄 수 없다는 사실도 깨달아야 할 것입니다.

욥기 4장부터 31장까지의 내용은 일종의 토론 형식으로 전개되고 있습니다. 욥의 친구들이 한 사람씩 욥의 문제를 가지고 자기 나름대로 생각을 폅니다. 가장 연장자인 엘리바스가 먼저 입을 열기 시작합니다. 그리고 친구 한 사람이 말을 끝내면 욥이 그 말에 대한 자기 변명을 합니다. 욥의 변명이 끝나면 다음 친구가 자기 이야기를 합니다. 이런식으로 세 바퀴를 돌면서 토론이 벌어지고 있습니다. 엘리바스가 세 번 이야기를 했고, 빌닷이 세 번 이야기를 했고, 마지막으로 소발이 두 번 이야기하고 끝냅니다. 그러니까 욥은 장장 여덟 번을 대답하는 셈이 됩니다. 이런 토론의 내용이 4장부터 31장까지 기록되어 있습니다.

세 친구는 한결같이 욥이 겉으로는 경건한 체했지만 남모르게 죄를 범한 것이 있어서 천벌을 받았다고 주장하고 있습니다. 그렇지 않고서 어떻게 그런 엄청난 불행을 당했겠느냐 하는 것이 그들의 논리였습니다. 세 친구들은 모두 색깔이 똑같은 안경을 끼고 욥의 문제를 보았습니다. '응보의 법칙'이라는 칼라를 가진 안경입니다. 응보의 법칙이 무엇입니까?

사람이 복을 받거나 벌을 받는 것은 과거에 그가 행한 선과 악에 따라 좌우된다는 논리입니다. 그들은 이런 관점에서 욥의 문제를 풀어 보려고 했습니다. 욥이 그 동안 누렸던 모든 부귀영화는 그가 과거에 행한 선행의 대가로 받은 보상이었다는 전제 아래 그가 당한 패가망신은 하나님 보시기에 용납할 수 없는 악을 범했기 때문이라는 결론에 도달하게 됩니다. 무엇인가 죄를 지었기 때문에 욥이 심판을 받은 것이라고 그들은 판단했던 것입니다.

엘리바스라는 친구

세 친구가 똑같이 응보의 법칙이라는 칼을 휘두르면서 욥을 심판했습니다. 그러나 그런 판단을 하게 된 이유는 각자가 조금씩 차이가 있음을 알 수 있습니다. 그 중에서 나이가 가장 많은 엘리바스는 세상을 오래 살면서 보고 들은 것을 가지고 자기 주장을 펴고 있습니다. 다시 말해서 자기의 인생 경험을 바탕으로 해서 이야기를 합니다. 그는 4장 8절에서 '내가 보건대' 하고 말합니다. '내가 지금까지 경험한 바로는' 하는 말입니다. 15장 17절에서도 '내가 본 것을 설명하리라' 하며 이야기를 시작합니다. 그러나 엘리바스가 시종일관 자기의 경험만을 가지고 이야기하는 것은 아닙니다. 이상 중에 하나님이 그의 귀에 들려주신 세미한 음성까지 공개하고 있습니다. 자기의 말이 하나님의 말씀이나 다름없다는 점을 강조하기 위해 계시를 받았다는 말을 하고 있는 것입니다. 다시 말하면 그는 자기의 인생 경험과 종교적 체험에서 얻은 지식을 가지고 욥의 재앙은 죗값이라는 단정을 하고 있는 것입니다.

    엘리바스의 논조는 종교적 도덕주의자의 냄새를 강하게 풍깁니다. 그가 하는 말의 핵심을 한번 보십시오. "생각하여 보라 죄 없이 망한 자가 누구인가 정직한 자의 끊어짐이 어디 있는가 내가 보건대 악을 밭 갈고 독을 뿌리는 자는 그대로 거두나니"(4:7, 8). "무슨 말씀이 내게 가만히 임하고 그 가는 소리가 내 귀에 들렸었나니"(4:12) . "그때 내가 조용한 중에 목소리를 들으니 이르기를"(4:16) 하고 말합니다. 자기의 인생 경험과 종교적 체험에서 얻은 지식을 가지고 욥을 정죄하고 있습니다. 그는 이렇게 몇 바퀴를 돌면서 욥과 뜨거운 논쟁을 벌였는데 급기야는 화가 났습니다. 그가 화가 나자 얼마나 더 잔인한 사람으로 바뀌었는지 22장 5절 이하에 잘 나타나 있습니다. "네 악이 크지 아니하냐 네 죄악이 극하니라 까닭없이 형제의 물건을 볼모잡으며 헐벗은 자의 의복을 벗기며 갈한 자에게 물을 마시우지 아니하며 주린 자에게 식물을 주지 아니하였구나."라고 말하고 있습니다. 자기 눈으로 확인한 일도 아닌데 적당히 추리해서 넘겨짚어 정죄하는 잔인함을 보입니다. 벌 받아 싸다는 식으로 몰아붙이는 것입니다. 사람이 악해지면 남의 문제를 가지고 이렇게 잔인한 소리를 함부로 하게 됩니다. 엘리바스에게서 우리 안에 도사리고 있는 잔인성을 보는 것 같지 않습니까?

빌닷이라는 친구

    빌닷은 대대로 내려오는 전통에 근거해서 욥을 정죄하고 있습니다. "옛날 사람들의 말을 들어 봐. 그 말들이 틀린 것이 없지 않아? 아무 이유 없이 너처럼 그렇게 어려운 일을 당하는 법은 없어. 다 이유가 있어서 고통을 당하는 거야." 하는 식입니다. "청컨대 너는 옛시대 사람에게 물으며 열조의 터득한 일을 배울지어다"(욥 8:8). "그 집을 의지할지라도 집이 서지 못하고 굳게 잡아도 집이 보존되지 못하리라"(욥 8:15). 그는 아주 자신 있게 자기 논리를 펴고 있습니다. 그리고 이렇게 결론을 내립니다. "하나님이 어찌 심판을 굽게 하시겠으며 전능하신 이가 어찌 공의를 굽게 하시겠는가 네 자녀들이 주께 득죄하였으므로 주께서 그들을 그 죄에 붙이셨나니"(8:3하). 얼마나 무서운 말입니까? 쉽게 말하면 이렇습니다. "네 자식들이 이유 없이 죽은 줄 아니? 한 사람이 죽어도 뭣한데 10남매가 한꺼번에 몰살을 당했으니 그게 보통 일이니? 이것은 그들이 자네 몰래 하나님 앞에서 크게 잘못한 것이 있기 때문이야. 그래서 하나님이 공의대로 심판하신 거야." 빌닷의 논리는 냉엄한 종교적 율법주의자의 입장이라 할 수 있습니다. 이는 이로, 눈은 눈으로, 피는 피로 갚으시는 하나님의 보상에 의해서 욥이 고통을 당하게 되었다는 이야기입니다. 욥의 자녀들이 실제로 죄를 범하는 것을 빌닷이 본 일이 없습니다. 그런데 그는 이미 유명을 달리한 그들에게 죄를 뒤집어씌우는 일을 함부로 하는 것입니다. 사람이 악해지면 이렇게 됩니다.

소발이라는 친구

그는 지적으로나 영적으로 수준이 좀 낮은 사람처럼 보입니다. 그리고 좀 경솔한 데가 있는 것 같습니다. 그는 자기의 막연한 추측으로 욥을 때려잡는 식으로 나옵니다. 엘리바스처럼 경험을 통해 배운 것을 말하는 것도 아니요, 빌닷처럼 전통적인 도덕률을 가지고 정죄하는 것도 아닙니다. '너는 알아야 돼.' 하고 무조건 치고 들어갑니다. 이런 사람은 정말 무섭습니다. 11장 6절을 보면 빌닷은 단도직입적으로 '너는 알아야 돼' 하고 나옵니다. "너는 알라 하나님의 벌하심이 네 죄보다 경하니라"(11:6). 즉 "하나님이 너에게 벌한 것을 보니까 네가 지은 죄에 비해서 굉장히 가벼운 거야. 네 죄대로 다 받는다면 이 정도 가지고는 안 돼." 얼마나 잔인하게 사람을 잡는 소리입니까? 이런 사람은 정말 무섭습니다. 그는 근거도 없는 막연한 추측으로 이런 말을 하고 있습니다. 그는 전형적인 독선자라 할 수 있습니다. 그야말로 눈 하나 깜짝하지 않고도 다른 사람을 때려잡을 수 있는 무서운 사람입니다.

지금까지 우리는 욥의 세 친구가 한 말을 검토해 보았습니다. 역시 '인간은 별 수 없는 존재구나' 하는 것을 실감하게 됩니다. 친구 사이라 할지라도, 형제 간이라 해도 별 수 없나 봅니다. 우리가 사는 이 세상에는 말이 참 많습니다. 하릴없이 남의 일을 가지고 제멋대로 떠들어대는 사람들이 많습니다. 심지어는 불행을 당한 이웃을 놓고 함부로 떠들어대면서 은근히 쾌감을 느끼는 사람들도 있습니다. 어떤 사람은 엘리바스처럼 자기 경험을 가지고 이렇게 말합니다. "저런 일을 당하는 것은 다 이유가 있는 거야." 자기 딴에는 대단한 해답을 주는 것처럼 떠듭니다. 또 어떤 사람은 고대로부터 내려오는 고담을 들어가면서 자기 말이 굉장한 무게를 가진 것처럼 허풍을 칩니다. 또 어떤 사람은 소발처럼 아무 근거도 없는 억측을 가지고 고통당하고 있는 사람의 마음에 비수를 꽂습니다.

　욥의 친구들이 한 말을 검토하면서 한 가지 놀라운 사실을 발견하게 됩니다. 그들의 말을 액면 그대로 보면 하나도 틀린 말이 아니라는 사실입니다. 제가 어려서 욥기를 읽을 때는 욥의 세 친구에 대한 선입견이 좋지 않아서 그 사람들의 이야기는 잘 읽지 않았습니다. 색연필을 가지고 빨간 줄을 긋는 구절은 전부 다 욥이 한 말 뿐이었습니다. 친구들은 다 틀린 소리만 하는 것으로 알았기 때문입니다. 그러나 제가 성경을 깊이 연구하면서 그것이 아니라는 것을 알게 되었습니다. 그들의 말에도 진리가 있다는 것을 깨닫게 되었습니다. 지금은 나도 모르게 그들의 말에 빨간 줄을 긋게 됩니다. 어쩌면 틀린 말이 한 마디도 없는지 모릅니다. 우리가 알고 있듯이 인생의 사려 깊은 지혜의 말씀들이 주옥같이 이어지는 성경이 바로 욥기입니다. 그래서 욥기를 지혜서라고 말합니다. 인생의 지혜를 통틀어 한데 모아 놓은 책이라 할 수 있습니다. 그러니 욥의 세 친구가 전부 다 틀린 말을 했다고 할 수 없을 것입니다. 델리취라는 구약 성경 학자는 "욥의 세 친구들이 한 말들을 검토해 볼 때 그들에게서 틀린 점을 찾아 낼 수 없다."고 실토했습니다.

　그럼에도 불구하고 왜 그들의 말이 잘못되었다고 합니까? 왜 그들이 한 말을 놓고 하나님은 화를 내셨습니까? "데만 사람 엘리바스에게 이르시되 내가 너와 네 두 친구에게 노하나니 이는 너희가 나를 가리켜 말한 것이 내 종 욥의 말같이 정당하지 못함이니라"(42:7). 왜 하나님이 그들의 말을 정당하지 못한 것으로 평가하셨습니까? 그들의 말을 액면 그대로 볼 때는 하나도 거짓말이 아니요, 틀린 말이 아닙니다. 그런데 왜 정당하지 못한 소리가 되고 말았습니까? 이것이 우리가 풀어야 할 중요한 과제입니다.

적용이 잘못되면

옳은 말이라고 해서 다 선한 말이라고 할 수는 없습니다. 진리라고 해서 누구한테나 다 유익한 것은 아닙니다. 하나님의 말씀이라고 해서 언제나 은혜가 되는 것은 아닙니다. 말하는 동기가 잘못되면 천상에서 들리는 하나님의 음성을 가지고 말해도 아무 유익을 주지 못합니다. 상대를 잘못 알고 진리를 이야기하면 그 진리는 아무 열매를 거두지 못하고 떨어집니다. 적용이 잘못되면 비록 진리라 할지라도 선한 덕을 세우지 못합니다. 이것이 세 친구로부터 얻을 수 있는 교훈입니다. 그러면 그들의 어떤 점이 잘못되었는가 하는 것을 검토해 보겠습니다.

응보의 법칙은 성경에서 가르치는 진리입니다. 그러나 그것을 하나님의 섭리와 고통의 문제를 푸는 마스터 키처럼 생각한 것이 그들이 범한 첫 번째 큰 실수였습니다. 하나님의 섭리는 한 가지 공식으로 설명이 되지 않을 만큼 심오합니다. 인생이 당하는 고통의 원인은 그 뿌리가 너무 복잡해서 한두 가지 이유로는 설명할 수 없습니다. 죄를 범하면 벌이 따르고 고통이 온다는 것은 하나님이 가르쳐 주신 진리입니다. 그러나 모든 고통이 죗값은 아닙니다. 악한 자는 반드시 망하고, 뿌린 대로 거둔다는 것은 하나님이 가르쳐 주신 진리입니다. 그러나 이 세상 돌아가는 형편을 보십시오. 악한 것을 뿌렸지만 그대로 거두지 않고 형통하게 사는 사람도 많습니다. 선한 자라고 무조건 형통한 일만 있는 것은 아닙니다. 4장 7절에서 엘리바스가 이렇게 말합니다. "생각하여 보라 죄없이 망한 자가 누구인가, 정직한 자의 끊어짐이 어디 있는가." 그가 주장하는 말은 진리입니다. 그러나 세상은 반드시 이런 공식대로 돌아가지 않습니다.

그럼에도 불구하고 세 친구들은 자기 말이 틀림없다고 장담을 합니다. 그들은 욥의 손발을 응보의 법칙이라는 공식으로 묶어 놓으려고 했습니다. 이것이 문제입니다. 욥이 참다 못해 이렇게 쏘아붙입니다. "어찌하여 악인이 수(壽)를 누리고 세력이 강하냐"(21:7). 다시 말하면 "악인들이 어떻게 저다지 세력이 강하게 한 생을 보낼 수 있느냐? 그런 사람을 놓고 어떻게 설명할 거야?" 하는 말입니다. 또 그는 이렇게 말합니다. "악인의 등불이 꺼짐이나 재앙이 그들에게 임함이나 하나님이 진노하사 그들을 곤고케 하심이나 그들이 바람 앞에 검불같이 폭풍에 불려 가는 겨같이 되는 일이 몇 번이나 있었느냐."(21:17, 18)라고 말합니다. 욥의 현실론은 친구들이 만든 공식으로는 절대로 설명할 수 없는 문제를 가지고 있었습니다.

오늘날에도 욥의 세 친구가 범했던 것과 같은 오류들을 범하는 사람들이 많습니다. 자기가 좋아하는 성구 하나를 들고 나와서 마치 자기가 하나님에 대해서 다 아는 것처럼 말하는 사람들이 있습니다. 그리고 세상 문제에 대해서도 도통한 것처럼 떠벌리는 사람들이 있습니다. 예를 들면 이런 것입니다. "너희를 향한 나의 생각은 내가 아나니 재앙이 아니라 곧 평안이요"(렘 29:11). 이 말씀 하나가 마치 모든 진리를 대변해 주는 것처럼 들고 나와서 "하나님은 평안을 주시려고 하는데 너는 왜 불행을 당하고 있니? 거기에는 분명히 이유가 있지 않겠니?" 하는 식으로 내몰아치는 사람이 있다는 말씀입니다. 하나님은 출애굽기 23장 25절에서 "너의 하나님 여호와를 섬기라 그리하면 여호와가 너희의 양식과 물에 복을 내리고 너희 중에 병을 제하리니."라고 말씀하십니다. 그런데 이 말씀 하나가 성경 말씀 전체를 대변하는 것처럼 생각하고 병으로 고생하는 사람을 찾아와서 기를 죽이는 못된 사람이 있습니다. "하나님이 뭐라고 그랬어. 잘 믿으면 절대 아프지 않다고 그랬지? 그런데 너는 어떻게 된 일이냐?" 하는 식입니다. 욥의 친구들이 그랬던 것처럼 말입니다. 그 동기가 잘못되고 적용이 잘못되었습니다.

 욥의 친구들이 두 번째로 실수한 것은 욥에게 전혀 해당이 안 되는 이야기만 했다는 것입니다. 욥의 고통은 우리가 잘 아는 것처럼 배후에 하나님의 특별한 뜻이 숨어 있었습니다. 그는 자기의 죗값으로 고통을 당하는 것이 절대 아니었습니다. 그렇지만 세 친구는 뿌린 대로 거둔다는 공식을 가지고 욥의 문제를 설명하려고 했습니다. "너는 악을 뿌린 것이 틀림없어. 어찌 그 열매를 거두지 않겠는가? 당연히 받을 고통인데 왜 그렇게 못 견디고 불평하는가?" 하는 식입니다. 욥은 하나님이 인정하신 의인이었습니다. 그는 세 친구와 비교도 안 될 만큼 경건한 생활을 했습니다. 그가 경건한 사람이라는 것을 친구들이 모를 리가 없었습니다. 그러나 친구들은 욥의 의로운 삶을 인정하려 하지 않고 오히려 없는 티를 잡아서 자기 주장만 세우려 했습니다. 그들은 욥에게 회개하라고 다그쳤습니다. 하나님에게 용서를 받으면 옛날처럼 다시 행복한 날이 돌아올 것이라고 그를 달랬습니다. 그러나 이 말이 욥에게 해당됩니까? 회개할 것이 없는데 무엇을 회개합니까? 회개하면 하나님이 용서하시고 은혜 주신다는 것은 성경이 가르치는 만고불변의 진리입니다. 그러나 적용을 잘못하면 그 진리는 하찮은 겨와 같이 바람에 날리고 맙니다. 아무리 거룩하고 기쁜 소식이라도 형편에 맞지 않게 전하면 가치가 없어지고 맙니다. 아무 소용이 없는 이야기가 되는 것입니다. 욥은 친구들의 말을 듣고 너무 어처구니가 없어서 이제 그만 하라고 역정을 냅니다. 그는 그들의 말을 더 이상 들으려고 하지 않습니다. "내가 어찌하면 하나님 발견할 곳을 알꼬"(욥 23:3). 다시 말하면 "나는 이제 하나님만 찾겠어. 너희들 다 소용이 없어. 나에게 말하지 마." 하는 말입니다. 욥의 처지에서는 친구들을 상대해서 얻은 것이 하나도 없었던 것입니다.

세 번째로 욥의 친구들이 실수한 것은 고통의 이유를 따지기만 했을 뿐 욥의 고통을 나누고자 하는 마음이 없었다는 것입니다. 그들은 겉으로 보기에는 욥을 위하는 것처럼 행동했습니다. 형식적으로 욥과 함께 잿더미 위에 앉아 있었습니다. 그러나 그들의 마음은 달랐습니다. 마치 푹신한 안락의자에 앉아서 친구가 당하고 있는 고통의 이야기를 소설 읽듯이 즐기고 있었던 것입니다. 그들은 욥의 짐을 함께 나누려 하지 않았습니다. 친구의 고통에 동참하려고 하는 사랑이 없었습니다. 욥에게 무슨 잘못이 있는가 하고 독수리 같은 눈을 가지고 살피기만 했습니다. 설령 욥에게 어떤 잘못이 있었다고 가정해 봅시다. 그들이 진정한 친구였다면 하나님 앞에 나가서 욥을 위해 중보기도를 했어야 마땅할 것입니다. 그런데 욥의 친구들은 그렇게 하지 않았습니다.

욥과 같이 어려움을 당하고 있는 사람에게는 설명이 필요없습니다. 말이 중요한 것이 아니라 그를 불쌍히 여기는 마음이 중요한 것입니다. 친구들이 나열하는 계시, 속담, 명언, 비유, 은유로 가득 찬 화려한 설교가 상한 마음을 안고 몸부림치는 욥에게는 아무 소용이 없었습니다. 친구들이 말을 잘하면 잘할수록 욥의 마음에는 상처가 더 깊고 커졌습니다. 합당치 않은 말을 늘어놓고 있었기 때문입니다. 결국 욥은 그 친구들을 향해서 성실하지 못하다고 내뱉었고(6:15), 막연한 추측이라고 비난했고(6:24), 책망을 그만하라고 소리쳤고(6:26), 낙담을 주는 말이요(6;26), 번뇌를 일으키는 말이요(16:2), 자기를 조롱하는 말이라고 비난했습니다(16:20). 그리고 쓸데없는 의원이라고 했습니다(13:4). 자기의 병을 고쳐 주는 사람이 아니라 잔인하게 상처만 안겨 주는 돌팔이 의사라고 말입니다.

욥의 세 친구가 벌이는 어리석은 언동을 보면서 우리 또한 그것을 남의 이야기로만 돌릴 수 없다는 것을 깨닫게 됩니다. 우리도 욥의 친구들처럼 잘못을 저지를 때가 많습니다. 하나님의 말씀을 잘못 적용하여 남에게 상처를 줄 때도 있습니다. 그것 때문에 오히려 상대방으로 하여금 더 낙담하게 만드는 경우도 있습니다.

어떤 분이 쓴 글을 읽으며 깊은 생각에 잠긴 적이 있습니다. 그 글을 쓴 사람은 어린 시절에 집에서 강아지를 키웠다고 합니다. 그는 강아지를 무척 귀여워했습니다. 그런데 어느 날 그만 그놈이 차에 깔려 죽고 말았습니다. 그 아이의 심정이 어떠했겠습니까? 죽은 강아지를 품에 안고 엉엉 울고 있는 그에게 어떤 신앙 좋은 어른이 다가왔습니다. 그는 아이의 어깨를 두드리며 "애야, 너무 슬퍼하지 말아라." 하고 달랬습니다. 참새 한 마리가 땅에 떨어지는 것도 하나님의 뜻이 아니면 떨어지는 법이 없다고 했습니다. 그러니 참새보다 몇 갑절 더 큰 강아지가 죽었으니 틀림없이 하나님이 하신 일이지요. 말이야 틀린 데가 없습니다. 그러나 그 노신사의 말이 강아지를 잃고 슬퍼하는 아이에게 무슨 위로가 됩니까? 무슨 의미가 있습니까? 그 아이에게는 강아지가 죽었다는 사실이 중요했습니다. 강아지가 죽은 이유를 아는 것이 중요한 것이 아니었습니다. 그는 그때 그 노신사의 말이 너무 잔인하게 들렸다고 합니다. 그리고 화가 더 났다고 했습니다. 왜냐하면 다른 사람이면 몰라도 하나님이 자기의 사랑하는 강아지를 빼앗아 갔다는 것은 도무지 받아들일 수 없었기 때문입니다.

고통을 함께 나누겠다는 사랑의 마음 없이 던지는 말은 그 말이 아무리 만고불변의 진리라 해도 듣는 자의 마음을 아프게 할 수 있습니다. 슬픔을 나누고자 하는 마음 없이 던지는 말은 서러운 마음을 더 슬프게 만들 수 있습니다. 그것은 상대방을 향해 간접적으로 정죄하는 것과 다를 바 없는 것입니다.

왜 고통의 이유를 설명하는가?

우리는 간혹 병상을 찾는다든지 고통당하는 사람을 방문할 때가 있습니다. 그럴 때에 특히 말을 조심해서 해야 합니다. 생각 없이 던지는 말에 자칫 상처를 받을지도 모르기 때문입니다. 뭔가 위로를 하려다가 "집사님, 그렇게 아프실 때 가끔 마음에 가책되는 일이 없습니까?" 또 병으로 신음하고 있는 환자에게, "형제님, 병이 들었다는 그것 때문에 하나님 앞에 원망하고 분노를 터뜨리는 일이 없는지 한번 생각해 보세요. 그것부터 회개하셔야 하나님이 고쳐 주실 거예요. 건강하실 때 하나님을 찬송하고 하나님을 기쁘게 하셨나요?" 하는 투의 말을 할 때가 있습니다. 또 "목사님이 그렇게 아프신 것은 주변의 고통당하는 수많은 사람들을 위로할 수 있는 자격을 주시려고 하나님이 그렇게 하신 거예요."라고 말하는 사람도 있습니다. 말이야 다 옳은 말입니다. 틀린 말이 하나도 없어요. 그러나 그것이 실제로 고통당하는 사람에게 무슨 위로가 됩니까? 은근히 죄책감만

자극하는, 바람직하지 못한 말이 될 수 있습니다. 고통이란 참고 견디어 나가는 것이지, 왈가왈부 떠들 일이 아닙니다. 짊어져야 할 것이지, '왜 고통을 당하는가' 하고 이유를 따져야 할 것이 아닙니다. 고통스러울 때는 그 이유를 설명하는 유능한 설교자, 해박한 친구가 다 귀찮은 법입니다. 고통에 대한 그들의 고견이 고통당하는 자에게 무슨 유익이 되겠습니까? 고통당하는 자에게는 그 고통을 함께 나누고자 하는 마음이 필요합니다. 그를 불쌍히 여기는 사랑이 필요합니다. "자네가 어떻게 해서 이렇게 되었는지 모르겠네. 정말 가슴이 아프다네. 답답하지만 참아야지 어떻게 하겠나? 언제나 내 마음은 자네와 함께 있다네. 참고 견디세." 이런 말 한 마디가 고통당하는 자에게는 두세 시간의 설교보다도 더 힘있는 메시지가 되어 가슴에 전달되는 것입니다.

우리는 욥의 친구들을 통해서 고통의 이유를 함부로 설명하려 드는 어리석은 짓을 하지 말아야 한다는 것을 배웠습니다. 사람이 당하는 고통에 대해서도 사람이 만족할 만한 해답을 줄 수 없다는 것을 알았습니다. 그러므로 우리는 언제나 예수 그리스도를 생각하고 그분만을 바라보아야 합니다. 예수님은 고통당하는 자들에게 어떻게 하셨습니까? 우리는 예수님이 하신 대로 해야 합니다. 예수님이 세상에 계신 동안 그 주변에 모인 사람들은 거의가 무거운 고통의 짐을 지고 힘겹게 세상을 살아가고 있던 자들이었습니다. 멀리서만 보아도 무슨 죄를 지었기에 저렇게 천벌을 받나 하는 생각이 들 정도로 천덕꾸러기요, 인간 취급을 못받는 사람들이었습니다. 창녀요, 세리요, 각종 병든 자들이요, 귀신 들린 자들이 대부분이었습니다. 예수님이 그들 앞에서 욥의 친구들처럼 "네가 왜 그런 고통을 당하는지 내가 설명해 주마." 하고 이유를 말씀한 적이 한번도 없습니다. 사복음서를 하루 종일 뒤져 보아도 그런 데는 한 군데도 찾아볼 수 없습니다.

요한복음 9장에 보면 나면서부터 소경인 불쌍한 사람의 이야기가 나옵니다. 그가 터벅터벅 지팡이를 짚고 지나갈 때 예수님의 제자들의 머리 속에 떠오르는 생각이 있었습니다. 누가 죄를 범했기에 저렇게 불행한 운명을 타고 났을까 하는 의문이었습니다. 부모의 죄일까, 아니면 당사자의 죄일까 하고 궁금증이 생겼습니다. 유대인들 사이에는 고통과 죄를 연관시켜 생각하는 잘못된 사상이 있었습니다. 그래서 예수님께 물었습니다. "이 사람이 소경으로 난 것이 뉘 죄로 인함이오니이까 자기오니이까 그 부모오니이까"(요 9:2). 자기들도 욥의 친구들처럼 한번 따져 보고 싶었던 것입니다. 그러나 예수님은 이유를 따지지 않으셨습니다. "이 사람이나 그 부모가 죄를 범한 것이 아니라 그에게서 하나님의 하시는 일을 나타내고자 하심이니라"(요 9:3). 예수님은 이렇게 대답하셨습니다.

요한복음 5장을 보면 38년 된 병자 이야기가 나옵니다. 그는 베데스다 못가에서 자신의 병을 고치려고 물이 동하기를 밤낮없이 기다리고 있던 가련한 사람입니다. 주님이 그를 보셨을 때 자신의 죗값으로 고통당하고 있다는 것을 아셨습니다. 그러나 주님이 그 사람 앞에 가서 "왜 네가 그런 불행한 사람이 되었는지 내가 설명해 주마." 하고 말씀하시지 않았습니다. "네가 낫고자 하느냐." 하시고 그의 병을 고쳐 주신 다음, 나중에 성전에서 만나 "더 심한 것이 생기지 않게 다시는 죄를 범치 말라."(요 5:14) 하고 타이르시는 것을 볼 수 있습니다. 예수님은 고통의 이유를 설명하는 대신, 그 고통을 함께 짊어지려고 하셨습니다. 고통당하는 사람들과 함께 있어 주려고 하셨습니다. 그들을 위해 자신의 생명까지 내어 놓는 무궁한 사랑을 베푸셨습니다. "수고하고 무거운 짐 진 자들아 다 내게 오라 내가 너희를 쉬게 하리라"(마 11:28). "너희는 마음에 근심하지 말라 하나님을 믿으니 또 나를 믿으라"(요 14:1). 주님은 우리의 고통, 눈물, 슬픔, 탄식을 대신 짊어지시는 분입니다.

예수님은 어떤 종류의 고통에 대해서도 그 고통을 죗값으로 오는 저주나 천벌로 여기지 않으셨습니다. 설령 죗값으로 고통을 당한다할지라도 주님은 그런 눈으로 보지 않으시고 오히려 고통을 은총의 기회로 보셨습니다. 고통을 영원한 나라의 축복으로 이어지는 지름길로 보셨습니다. 이것이 주님께서 고통당하는 자를 보는 시각입니다. 친구 나사로라고 해서 죄가 없었겠습니까? 죄가 없어서 그렇게 보신 것이 아닙니다. 그런 시각으로 인생의 고통을 보지 않으셨던 것입니다. 그래서 주님은 "하나님의 아들로 이를 인하여 영광을 얻게 하려 함이라."고 말씀하셨습니다. 주님은 어떤 고통이나 불행도 부정적으로 보지 않으셨습니다. 긍정적으로 보셨습니다. 우리도 예수님의 시선으로 다른 사람의 고통을 보아야 합니다. 십자가의 보혈로 구속받은 사람에게는 어떤 고통도 절대 손해가 될 수 없습니다. 오히려 그것을 통해서 하나님의 영광을 나타낼 수 있습니다. 우리는 이런 믿음을 가져야 합니다.

제가 시무하는 교회의 회지에서 가슴 뭉클한 기사 하나를 읽었습니다. 우리 교회 안에 호스피스 사역팀이 있습니다. 그분들이 털어놓은 이야기입니다. 어느 날 호스피스 팀에게 한 형제의 신상 카드가 넘어왔습니다.

"이름 이승재. 나이 29세. 병명 육종암. 암세포가 폐, 오른쪽 다리, 뇌, 위장까지 전이되어서 이제 가망이 없음. 아직 예수님을 알지 못함. 결혼한 지 1년 되었음."

　호스피스팀이 그 형제가 있는 병원을 찾아갔습니다. 대강 짐작을 하고 갔지만 그를 보았을 때 너무 충격을 받았다고 합니다. 그의 얼굴은 밀랍 인형처럼 창백했고 머리카락은 한 올도 남아 있지 않았습니다. 그는 힘없이, 아무 표정 없이, 휑한 눈으로 자신을 찾아온 사람들을 계속 바라볼 뿐이었습니다. 그후로 매주마다 호스피스팀의 심방은 계속되었습니다. 그들의 수고로 말미암아 드디어 그는 하나님 말씀을 부여잡았습니다. 말씀을 외우기 시작했습니다. 그러나 그의 육신적인 고통은 날이 갈수록 심해져 갔습니다. 다리가 심하게 부어올랐습니다. 나중에는 그 다리 무게 때문에 속뼈가 저절로 부러졌습니다. 그러나 그는 운신할 수 없는 고통 속에서도 찬송하는 믿음을 보여 주었습니다. 몸은 썩어 들어갔습니다. 고름이 풍기는 악취 속에서 그는 자신의 죄를 회개했고 드디어 병상에서 세례를 받았습니다. 어느 날이었습니다. 심방을 끝내고 목사님과 권사님, 집사님들이 일어서는데 그가 이런 말을 했습니다. "목사님, 내일은 우리 부부에게 아주 중요한 날이에요." 그래서 무슨 날이냐고 물었더니 결혼 2주년 기념일이라고 했습니다. 마지막이 될지도 모를 결혼 기념일입니다. 호스피스팀은 케이크와 꽃바구니를 준비했습니다. 병실에 꽃바구니를 들고 들어갈 수 없으므로 몰래 옷자락 밑에 숨겨 가지고 갔습니다. 그리하여 그 부부를 위해 축하 파티를 열었습니다. 같은 병실에 있는 환자들도 눈물을 흘리며 그 부부를 축하해 주었다고 합니다. 이렇게 결혼 2주년을 멋있게 보냈습니다. 그리고 12월 1일 저녁 7시, 그는 하나님의 부르심을 받았습니다. 선물로 받은 성경을 혼수 상태가 될 때까지 손에서 놓지 않은 채 하나님 앞으로 갔습니다. 임종시에 그는 다음과 같은 유언을 남겼습니다. "나의 죽음이 아직도 예수님을 믿지 않는 온 가족을 위해서 한 알의 썩은 밀알이 되기를 원합니다."

그 다음 주일에 그의 가족들이 교회를 찾아나왔습니다. 아홉 명의 가족들이 뜨거운 가슴으로 악수를 나누고 신앙생활을 시작했습니다.

이 형제의 죽음이 저주받은 죽음입니까? 죗값입니까? 주님은 그렇게 보지 않습니다. 그는 하나님 품에서 영원히 행복할 것입니다. 그는 썩은 밀알이 되어서 식구들을 구원하고 하나님이 오늘도 살아 계시다는 것을 보여 주었습니다. 세상에서 천년만년 살 것같이 으시대는 사람들에게 하나님이 주시는 준엄한 교훈이 있다는 것을 보여 준 것입니다. 우리는 불행을 볼 때마다 주님의 눈으로 보아야 합니다. 욥의 친구들처럼 현재의 불행을 보고 함부로 해석하면 안 됩니다. 예수님처럼 보아야 합니다. 소망을 가지고 보아야 합니다. 하나님이 의미를 부여하신 고통은 우리에게 절대 손해가 되지 않습니다. 작은 일이든, 큰 일이든, 어려움을 당할 때마다 우리는 이 사실을 잊지 말아야 합니다. 우리는 형제의 고통을 함께 짊어지고 함께 씨름하는 사람이 되어야 합니다. 그럴 때에 우리 모두는 예수님을 닮아 가는 작은 예수가 될 수 있을 것입니다. 그리고 이 세상의 고통당하는 자들에게 꼭 필요한 위로자가 될 수 있을 것입니다.

함부로 자신을 정죄하지 말라

나는 단정코 너희를 옳다 하지 아니하겠고
죽기 전에는 나의 순전함을 버리지 않을 것이라
내가 내 의를 굳게 잡고 놓지 아니하리니
일평생 내 마음이 나를 책망치 아니하리라 (욥기 27:5-6).

예수 그리스도의 십자가 공로로 의인이 된 우리가 욥처럼 믿음과 긍지를 갖지 못할 이유가 어디에 있습니까? 우리는 죄와 사망의 법에서 자유함을 얻었습니다.

인간의 말로 표현할 수 없는 끔찍한 불행을 당한 욥이 자기 친구들과 함께 그 불행이 어디로부터 왔는가 하는 문제를 놓고 장시간 논쟁하고 있는 모습을 우리는 본문을 통해 보았습니다. 그런데 이런 논쟁을 하는 욥에게서 놀라운 사실 하나를 발견할 수 있습니다. 그것은 욥이 끝까지 자기가 잘못한 것이 없다는 확신을 조금도 굽히지 않고 있다는 것입니다. 남 보기에는 저주받은 사람처럼 보일지 모르지만 자신이 되돌아볼 때 자기는 조금도 가책을 받을 것이 없다는 태도를 시종일관 지키고 있는 것을 볼 수 있습니다. 다시 말하면 자기가 당한 불행은 죄와 상관없다는 것입니다. 이런 자기 결백에 대한 확신은 욥기 전체를 통해서 열 번 이상 발견되고 있습니다.

  그 가운데서 특별히 27장 5, 6절은 그의 이런 심정을 웅변적으로 잘 나타내고 있는 말씀입니다. 친구들이 자기를 향해 죄를 지었기 때문에 벌을 받는다고 나무라는 데 대해서 욥은 다음과 같이 반박하고 있습니다. "나는 단정코 너희를 옳다 하지 아니하겠고 죽기 전에는 나의 순전함을 버리지 않을 것이라 내가 내 의를 굳게 잡고 놓지 아니하리니 일평생 내 마음이 나를 책망치 아니하리라." 욥은 친구들이 옳지 않다는 것을 분명히 말하고 있습니다. 자기가 죽기 전에는 절대로 자기 확신을 버리지 않을 것이라고 다짐하고 있습니다. 더 나아가 욥은 아무것도 잘못한 것이 없으며, 지금까지의 삶을 후회한 적도 없다고 힘주어 말하고 있습니다. 욥은 자신을 자책하지 않았습니다.

  잘못한 것이 없으면서 자기를 책망하고 정죄하는 사람만큼 비참한 사람은 없습니다. 작은 고통 앞에서도 "이것은 나 때문에 생긴 일이야. 내 죗값으로 온 불행이야." 하고 자기를 정죄하는 사람은 이 세상에서 가장 불행한 사람이라고 할 수 있습니다. 욥은 자신을 그처럼 불행한 사람으로 짓밟지 않았습니다. 본문 6절에서 그는 "내가 내 의를 굳게 잡고 놓지 아니하리니 일평생 내 마음이 나를 책망치 아니하리라."고 말합니다.

 욥은 이처럼 자신의 의로움을 주장하고 있습니다. 그러나 우리가 오해하지 말아야 할 것이 하나 있습니다. 욥이 끝까지 자기 주장을 굽히지 않았다고 해서 죄인이 아니라고 주장한 것은 아니라는 사실입니다. 또한 자기가 의인이라는 말도 아닙니다. 그가 태어나서부터 한 번도 죄를 짓지 않고 천사처럼 살았다는 말도 아닙니다. 하나님은 그를 순전하고 정직한 사람이라고 칭찬했습니다. 그렇지만 그 역시 인간입니다. 인간은 누구나 태어날 때부터 부패한 인간 본성을 가지고 나옵니다. 따라서 욥 또한 죄인임에 틀림없습니다. 욥은 이 사실을 잘 알고 있습니다. 9장 2절에서 그는 "인생이 어찌 하나님 앞에 의로우랴."라고 고백하며 하나님 앞에 의로운 인간이 없다는 것을 스스로 인정하고 있습니다. 또 9장 20절에서는 "가령 내가 의로울지라도 내 입이 나를 정죄하리니 가령 내가 순전하더라도 나의 패괴함을 증거하리라."고 말합니다. 즉 내가 의롭다고 해도 내 입이 나를 죄인으로 단정할 것이며 내가 순결하다고 할지라도 하나님이 나의 악한 것을 드러내 보이실 것이라고 욥은 말합니다. 그는 어려서부터 지은 죄가 많다는 것도 인정합니다. "주께서 나를 대적하사 괴로운 일들을 기록하시며 나로 나의 어렸을 때에 지은 죄를 받게 하시오며"(13:26). 욥이 이런 고백을 하는 것을 보면 그가 재난당한 후 자주 자기의 어린 시절을 회상하며 과거의 잘못을 반성해 보는 시간을 가졌다는 것을 알 수 있습니다. 그럼에도 불구하고 그는 끝까지 자신의 결백을 주장했습니다. 비록 자기가 인간으로서 전혀 허물이 없는 것은 아니지만 하나님의 심판을 받을 그런 사람은 아니라고 믿었던 것입니다. 우리는 이 사실을 주목해야 합니다.

사실 욥처럼 자기의 결백을 자꾸 주장하는 사람을 보면 좀 얄미운 생각이 들 때도 있습니다. 만사가 형통한 사람이라 할지라도 자기에게 잘못이 없다는 소리를 자꾸 하면 듣기가 싫어지는 법입니다. 하물며 기둥뿌리가 다 뽑힌 것같이 몰락한 꼴을 하고 앉아 있는 주제에 "나는 잘못한 것이 없어." 하고 고개를 쳐들면 도저히 좋게 봐 주기가 어렵습니다. 믿는 사람의 입장에서는 집안에 불상사가 생겼을 때 되돌아보면서 회개하는 자세를 가지는 것이 도리입니다. 하나님을 진심으로 경외하는 사람이라면 가정에 무슨 일이 생겼을 때 잘못한 것이 없다고 하는 것보다 겸손한 태도를 보이는 것이 좋습니다. 뭔가 하나님 앞에 잘못한 것이 없나 하고 자신을 살피면서 기도하는 것이 믿는 사람의 바른 자세입니다. 욥처럼 고개를 빳빳하게 쳐들고 내가 잘못한 것이 뭐 있느냐 하고 나오는 것은 아무래도 우리가 이해하기 어려운 데가 좀 있습니다.

고통을 죗값으로 보지 말라

그럼에도 불구하고 욥에게서 배워야 할 것이 있습니다. 그것은 하나님을 믿는 사람이 어떤 고통을 당할 때 그것을 무조건 죗값으로 돌려서 자기를 정죄해 버리는 것은 절대로 바람직하지 않다는 사실입니다. 아무리 이해할 수 없는 고통을 당해도 하나님 앞에서 잘한 것에 대해서는 시종일관 자기의 결백을 붙들 수 있는 확신이 있어야 한다는 말입니다. 남 보기에는 죄를 많이 지어서 불행해진 것처럼 보일지 모르지만 하나님 앞에서 잘못한 것이 없다고 생각되면 자신감을 가지고 자기 결백을 지키는 믿음의 확신이 필요하다는 것입니다. 우리가 경험을 통해서 잘 알고 있습니다만 고통이라는 것은 좀 고약한 데가 있습니다. 고통은 상습적으로 죄책감을 일으키는 독소를 가지고 있습니다. 고통은 잃어버렸던 죄를 생각나게 합니다. 심지어 하나님께서 완전히 용서하시고 덮어 주셨다고 확신했던 것들마저 흔들리게 하는 아주 고약한 독소를 가지고 있습니다. 이것 때문에 인생의 음지가 그들을 가리울 때마다 많은 신앙인들이 영적으로, 정신적으로 억눌려 살고 있고 심각한 피해를 당하고 있는 것입니다.

저에게는 고모님이 두 분 계십니다. 두 분 다 처녀 시절부터 믿음이 좋았습니다. 그러나 결혼생활은 순탄하지 못했습니다. 믿음 좋은 남편을 얻은 큰 고모님도 결혼하고 일 년이 조금 지나서 사별을 했고 믿음이 좋지 않은 남편을 만난 작은 고모님도 결혼한 지 얼마 되지 않아 남편이 일본으로 가서는 영영 소식이 끊어져 버렸습니다. 큰 고모님은 얼마 후 재혼을 했습니다. 그러나 그 재혼으로 말미암아 일생 동안 눈물과 한숨이 떠나지 않는 고달픈 생을 살게 될 줄 누가 알았겠습니까? 너무나 어려운 생을 사신 큰 고모님이 가끔 이런 말을 했습니다. "나와 내 동생이 이렇게 불행하게 된 것은 우리 아버지가 한때 우상숭배를 했기 때문이다. 그 죗값을 지금 우리가 받고 있는 것이다." 제가 어렸을 때에는 그 이야기를 들을 때마다 "참 그렇구나. 우리 할아버지가 하나님 앞에 바로 서지 못하고 죄를 지었기 때문에 그 죗값을 후손들이 받는구나." 하고 생각했습니다.

그러나 제가 성경말씀을 깨닫기 시작하면서 고모님이 잘못 생각하고 있다는 것을 알았습니다. 우리 할아버지가 설혹 중도에 타락해서 우상숭

배를 좀 했다 하더라도 그 죗값을 왜 딸들에게만 묻느냐 하는 의문이 생겼습니다. 아들들도 있었거든요. 그런데 남의 집안에 출가한 딸들에게 보응하실 이유가 무엇입니까? 우리 조부모님은 신앙이 좀 약하셨지만 증조부모님은 믿음이 아주 투철하셨습니다. 선교사로부터 복음을 전해 듣고 예수님을 믿게 되셨는데 그 동네에 교회를 세우고 일생 동안 신앙생활을 잘하셨다고 합니다. 성경말씀을 보면 하나님을 잘 섬기고 사랑하면 그 후손은 천 대까지 복을 받는다고 합니다. 한 세대를 30년으로 잡는다면 3만 년 동안이나 그 자손들이 복을 받을 수 있다는 이야기입니다. 우리 조부모님이 조금 잘못했다고 해서 그 딸들에게 죗값을 물으시고 우리 증조부님이 잘한 것은 다 잊어버리시는 하나님입니까? 절대 그런 하나님이 아닙니다. 저의 고모님들은 크게 오해하고 있었습니다. 지금은 모두 다 하나님 나라에 가 있습니다. "아, 내가 잘못 생각했구나. 나의 불행은 누구의 죗값이 아니라 하나님의 선하신 섭리에 의해 주어진 십자가였는데…."라며 부끄러워하고 있을 것입니다.

이처럼 고통이라는 것은 자기 죄는 물론 몇 대 손위의 조상 죄까지 들먹이면서 사람을 주눅들게 만드는 고약한 성질이 있습니다. 그래서 믿음 좋은 사람이라 할지라도 죗값이니 천벌이니 하면서 스스로 자신을 정죄해 버리는 경우를 적지 않게 볼 수 있습니다.

회개한 자에게 어떻게 보응이?

여기서 오해를 막기 위해 분명히 알아야 할 것이 있습니다. 그것은 범죄와 보응, 범죄와 징계, 범죄와 열매가 각각 어떻게 다른가를 구별할 줄 알아야 한다는 것입니다. '보응'은 하나님이 용서하신 죄라도 그 대가를 치르도록 세상에서 벌을 내리시는 것을 말합니다. "예수 믿으면 어떤 죄라도 하나님이 용서하시고 잊어버리신다. 그러나 지은 죄에 대한 대가는 세상에서 반드시 치러야 한다." 하는 것이 보응론입니다. 욥의 친구들이 지금 욥에게 집요하게 강조하고 있는 것이 바로 이것입니다. "네가 아무리 하나님을 잘 섬기고 모셨다고 해도 너는 분명히 죄 지은 것이 있어. 너는 하나님 앞에 회개했는지 모르지만 이미 저질러 놓은 죄에 대해서는 그 값을 치러야 한다는 것을 알아야 돼."

그러면 '징계'는 무엇입니까? 말을 듣지 않는 자녀를 바로잡아 주기 위해 고통을 통해 교정하는 것을 징계라고 합니다. 자식의 잘못을 고쳐 주기 위해서 잠깐 때리는 것을 말합니다. 잘못을 하다가도 "하나님 앞에서 내가 이래서는 안 되겠구나." 하고 얼른 깨닫는 사람에게는 징계라는 것이 오지 않습니다. 징계는 끝까지 회개하지 않고 고집을 부리는 사람에게 찾아옵니다. 징계는 보응이 아닙니다.

그러면 '열매'는 무엇입니까? 이것은 자연법칙에 따라서 순리대로 거두는 것을 말합니다. 혹시 우리 중에 머리가 둔해서 출세를 못한 사람이 있습니까? 그것은 보응이 아닙니다. 또 자녀들을 잘못 키워서 고통을 받고 있습니까? 그것도 보응이 아닙니다. 요즘 이런 부모가 얼마나 많습니까? 자녀가 하는 대로 내버려둔 결과, 탈선하여 결국 비참한 꼴이 되고 말았다면 그것은 부모가 자녀교육을 소홀히 했기 때문에 그런 것이지 보응이 아닙니다. 예수 믿는 사람에게나 안 믿는 사람에게나 따라올 수 있는 자연법칙의 결과입니다. 불법 운전자의 핸들을 하나님이 대신 잡아 주시지는 않습니다. 구원받은 하나님의 자녀도 심은 대로 거두는 자연법칙은 피할 수 없습니다. 보응, 징계, 열매, 이것은 엄연히 다릅니다. 이것을 구별할 줄 알아야 합니다.

욥의 이야기를 들으면서 우리는 마음 한편으로 이런 생각을 하게 됩니다. "욥은 참 거룩하게 살지 않았나? 욥과 나는 비교가 안 돼. 욥은 그처럼 하나님 앞에 정직하고 거룩한 생활을 했기 때문에 불행을 당해도 가책을 안 받았고 끝까지 자기가 의롭다고 주장할 수 있었어. 그런데 나는 욥처럼 경건하게 살지 못했어. 그런데도 어떤 불행을 당했을 때 나는 결백하다고 말할 수 있을까?" 우리 마음속에 당연히 이런 의문이 생길 수 있습니다. 욥의 경건생활은 우리가 따라가기 어려운 수준이었습니다.

31장은 욥이 하나님 앞에 얼마나 거룩하게 살았는가를 아름다운 시에 담아서 묘사하고 있는 내용입니다. 1절을 보십시오. "내가 내 눈과 언약을 세웠나니 어찌 처녀에게 주목하랴." 욥은 자기의 눈과 서약을 했다고 합니다. 눈이 가는 대로 마음을 함부로 주지 않기로 결심했다는 것입니다. 아무리 아름다운 처녀를 보아도 정욕의 눈으로 보지 않았다는 말입니다. 우리 중에 욥만큼 경건하게 살고 있다고 자신할 수 있는 남자분이 몇이나 됩니까? 결혼하고 나서 아름다운 여자가 지나가는데 한번도 안 쳐다본 사람이 있습니까? 우리는 욥의 수준과 다릅니다. 그만큼 욥의 수준이 높았던 것입니다. 또 7절에는 "언제 내 걸음이 길에서 떠났는가 내 마음이 내 눈을 따라갔던가 내 손에 더러운 것이 묻었던가."라고 말합니다. 욥은 손에 더러운 것을 묻히지 않았고 죄짓는 일에 손을 대지 않았다고 말합니다. 그러나 우리 손이 욥처럼 그렇게 깨끗하다고 말할 수 있습니까? 또 31장 18절에서는 "실상은 내가 젊었을 때부터 고아를 기르기를 그의 아비처럼 하였으며 내가 모태에서 나온 후로 과부를 인도하였었노라."고 말합니다. 욥은 젊었을 때부터 고아들을 친자식처럼 돌봐 주고 불쌍한 과부들을 보살펴 주었다고 합니다. 우리 중에 이와 같은 선행을 베풀고 사는 사람이 몇이나 됩니까? 24절을 보면 "내가 언제 금으로 내 소망을 삼고 정금더러 너는 내 의뢰하는 바라 하였던가." 욥은 많은 재산을 가지고 있었지만 돈을 신뢰하거나 재산이 많은 것을 기뻐한 적이 없다고 말합니다. 하나님과 재물을 겸하여 사랑하는 어리석은 짓을 하지 않았던 것입니다. 우리도 욥과 같이 고백할 수 있습니까? 아무도 욥처럼 당당하게 말할 처지는 못된다고 생각합니다.

의의 옷을 입고

욥과 우리는 분명히 수준이 다릅니다. 욥의 성결은 우리와 비교가 되지 않을 만큼 철저했습니다. 그러나 개인의 경건을 비교해 볼때는 우리가 욥에게 뒤떨어질지 모르지만 욥이 알지 못했던 은총을 우리가 받은 것이 있습니다. 그것은 예수 그리스도가 우리에게 입혀 주신 의의 옷입니다. 욥은 자기의 의를 가지고 하나님 앞에 가책받을 것이 없다고 했지만 우리는 예수 그리스도의 의를 가지고 하나님 앞에 가책받지 않는다는 믿음을 갖습니다. 욥이나 우리나 똑같은 인간입니다. 욥이 아무리 선행을 많이 하고 아무리 자기 마음을 잘 다스렸다고 할지라도 거룩하신 하나님 앞에 내놓고 볼 때는 우리와 똑같은 죄인입니다 그럼에도 그는 자기 경건생활에 대한 긍지를 가지고 있었습니다.

그런데 오늘 우리는 어떻습니까? 예수 그리스도의 십자가 공로로 의인이 된 우리가 욥처럼 믿음과 긍지를 갖지 못할 이유가 어디에 있습니까? 우리는 죄와 사망의 법에서 자유함을 얻었습니다. 따라서 우리는 더 이상 죄인이 아닙니다. "예수는 우리 범죄함을 위하여 내어 줌이 되고 또한 우리를 의롭다 하심을 위하여 살아나셨느니라"(롬 4:25). 예수님이 살아나신 그 사실을 누가 부인할 수 있습니까? 하나님 우편에 계시는 그분을 하나님이 날마다 보고 계시는데 그 예수 안에 들어와 있는 우리를 보고 죄인이라고 할 자가 어디 있습니까? 그러므로 욥이 가졌던 자기 경건에 대한 확신, 이것을 우리도 가져야 합니다. "그러므로 이제 그리스도 예수 안에 있는 자에게는 결코 정죄함이 없나니 이는 그리스도 예수 안에 있는 생명의 성령의 법이 죄와 사망의 법에서 너를 해방하였음이라"(롬 8:1, 2). 하나님은 해방된 우리를 보시지 죄와 사망에 묶여 있는 우리를 보시지 않습니다. 설령 어떤 흠이 있다 할지라도 예수 그리스도 안에서 거룩하게 살려고 노력한 것에 대해서는 자신감을 가져야 한다는 말입니다.

예수님의 의는 우리를 조상의 죄로부터 단절시켰습니다. 예수님의 의는 우리를 과거의 모든 죗값으로부터 단절시켰습니다. 이미 용서받은 죄에 대해서는 자유함을 누려야 합니다. 우리의 죗값을 남김없이 주님이 십자가에서 다 치르셨기 때문에 이미 용서받은 죄에 대해서는 하나님이 보응하지 않으십니다. 그리스도의 의의 옷을 입고 사는 우리에게 하나님이 왜 옛날 죄를 생각해서 병을 주시겠습니까? 그런데도 "내 병은 옛날에 지은 죄 때문이야." 하고 말할 수 있습니까? 하나님은 이미 우리 죄를 다 용서하시고 동이 서에서 먼 것같이 멀리 옮기시고 잊어버리셨다고 합니다. 잊어버린 죄를 하나님이 새삼스럽게 들고 나와서 "너 용서받았지만 죗값을 좀 받아야 돼" 이런 식으로 우리에게 어떤 고통을 주신다면 진정한 평안과 자유를 누릴 수 있을까요? 말이 안 되는 것입니다. 우리는 고통을 당할 때 그 뜻과 의미를 몰라서 방황을 할 때가 많습니다. 그러나 낙담하거나 좌절하지 마세요. 우리가 당하는 고통에는 무엇인가 우리에게 좋은 것을 주시기 위한 하나님의 뜻이 숨어 있습니다. 이것을 분명히 믿고 확신하십시오. 이 믿음을 갖기 위해서 다음 세 가지 사실을 꼭 기억해 둘 필요가 있습니다.

첫째로, 남이 하는 소리에 흔들리지 말아야 합니다. 욥에게 있어서 돋보이는 점이 무엇입니까? 누가 무슨 소리를 해도 시종일관 그 믿음이 흔들리지 않았다는 사실입니다. 어려운 고통을 당한 사람을 두고 세상에서는 이러니 저러니 하고 욥의 친구들처럼 말을 많이 합니다. 우리는 욥에게서 배워야 합니다. 자기가 분명히 믿고 확신하는 일에 대해서는 누가 무슨 소리를 해도 흔들리지 말아야 합니다 흔들리는 것은 믿음이 아닙니다. 욥의 친구 중에서 빌닷이라는 사람은 욥의 아픈 상처에 비수를 찌르듯이 아주 사나운 말을 했습니다. "네 자녀들이 주께 득죄하였으므로 주께서 그들을 그 죄에 붙이셨나니"(욥 8:4). 다시 말하면 "네 자식들이 왜 몰살 당했는지 아니? 하나님 앞에 죄를 범했기 때문이야. 하나님께서 그 죗값으로 네 자식들을 그렇게 처리한 것이야." 만약에 욥이 그 말을 듣고 마음이 흔들렸다면 번뇌를 거듭하다가 정신병이 들어 죽었을 것입니다. 그러나 그는 태산처럼 요지부동했습니다.

왜 욥의 자녀들이라고 해서 죄가 없었겠습니까? 10남매가 30살이 넘도록 장성하여 장가가고 시집가고 해서 가정을 이루고 살았는데 어떻게 자녀들이 한번도 죄를 짓지 않고 살 수 있었겠습니까? 죄를 찾으면 수없이 나올 수 있겠지요. 털면 얼마든지 먼지가 날 수 있습니다. 그러나 욥은 자기 자식들의 죽음을 죗값으로 보지 않았습니다. 비록 자녀들에게 죄가 많았다고 할지라도 하나님이 죗값으로 그들을 친 것이 아니라는 믿음은 흔들리지 않았습니다. 그 이유가 어디에 있는지 아십니까? 욥은 자녀들을 위해서 수시로 번제를 드렸기 때문입니다. 하나님 앞에 자녀들의 모든 죄를 용서받기 위해서 번제를 드렸던 것입니다. 그리고 제사를 드린 후에는 자녀들의 죄가 다 사함받았다는 것을 확신했습니다. "내 자녀들에게 설혹 잘못이 있었다 할지라도 나는 자녀들을 위해 기도했노라. 자녀들을 위해서 번제를 드렸노라. 하나님이 어떻게 내 자녀들을 용서하지 않으시겠는가? 용서한 죄를 가지고 어떻게 내 자녀들에게 그 죗값을 물으시겠는가? 친구들은 죗값 때문이라고 단정하지만 나는 그 말에 절대 동의할 수 없어." 욥에게는 이와 같은 믿음이 있었습니다.

우리가 자녀들을 위해서 얼마나 많이 기도합니까? 그 애들이 나가서 마음으로 무슨 생각을 하며 행동으로 무슨 짓을 하는지 우리는 일일이 모릅니다. 그러나 우리는 하나님 앞에 엎드려서 그들의 죄를 용서해 달라고 기도합니다. 부모의 죄를 그들에게 돌리지 말라고 기도합니다. 그들이 진정 하나님을 사랑하는 귀한 자녀들이 되게 해달라고 기도합니다. 하나님은 우리의 이와 같은 중보기도를 들으시고 우리 자녀들의 죄를 용서하십니다. 이 믿음이 있는 사람은 설혹 자기 자녀에게 어떤 어려운 일이 일어난다 할지라도 그것을 죗값으로 여기지 않습니다. 우리는 남이 무슨 소리를 한다고 이리저리 흔들리면 안 됩니다. 자기가 확신한 일에는 요동하지 않는 믿음을 가져야 합니다.

둘째로, 마음에 떠오르는 어떤 깨달음을 너무 절대시 하지 말아야 합니다. 우리가 경험적으로 잘 알고 있지 않습니까? 예상치 않게 어떤 일을 당하면 우리는 무언가 마음에 짚이는 것을 끄집어내는 버릇이 있습니다. 가령 운전 중에 갑자기 추돌 사고를 당해 목을 다쳤다면 이런 생각을 합니다. "왜 이런 일이 일어났지? 나에게 어떤 잘못이 있을까?" 하고 고심하다가 무언가 마음에 짚이는 것이 있으면 "아, 이것 때문이구나!" 하고 그것을 가지고 자신을 질책합니다.

제가 중학교 다닐 때 겪었던 이야기입니다. 시장바닥에 노름판이 벌어졌는데 그것을 구경하다가 그만 야바위꾼에게 속아 시계를 빼앗긴 적이 있습니다. 6·25전쟁이 끝난 지 얼마 안 되는 때라 얼마나 살기가 어려웠는지 모릅니다. 내 처지에 손목시계라는 것은 상상조차 할 수 없는 사치품이었습니다. 어느 날 소 먹이러 나갔다가 개울에서 세수한 사람이 놓고 간 것을 주워 차고 다니던 것이었습니다. 그런데 그것을 도박판에 잡히고만 것입니다. 얼마나 황당했는지 모릅니다. "나에게 왜 이런 일이 생기지?" 하고 생각해 봤습니다. 그러자 마음에 짚이는 것이 있었습니다. 바로 전날인 주일에 뭔가를 시장에서 사 먹은 것이 생각났던 것입니다. 그래서 주일 성수 못한 죗값에 시계를 잃었다고 생각했습니다. 그러나 그것은 옳은 판단이 아니었습니다. 왜 시계를 잃었습니까? 쓸데없이 노름판에 앉아 남이 돈을 따는 것을 보고 욕심을 내었기 때문입니다. 돈 따는 그들이 다 같은 패거리 사기꾼인 줄 모르고 손을 대었기 때문입니다. 그러므로 그것은 죗값이 아니라 어리석은 행동이 가져다 준 열매입니다.

이와 같이 무엇인가 잘못되면 마음에 짚이는 대로 "그래서 그랬구나" 하는 식의 결론을 내리는 버릇은 누구에게나 다 있습니다. 이는 썩 좋은 생각이 아닙니다. 그러나 그것이 전부 틀렸다는 말도 아닙니다. 하나님의 자녀들이 어떤 어려움을 당할 때 조용히 말씀을 읽고 기도하면 문득 어떤 깨달음이 올 때가 있습니다. 그 순간에 '아, 이것 때문이구나!' 하고 떠오르는 생각은 아주 중요합니다. 그것이 가끔은 성령의 음성일 수도 있고 하나님께서 말씀을 통해서 그 사람에게 들려주시는 해답일 수도 있습니다. 그것은 부인하면 안 됩니다. 그러나 마음에 짚이는 대로 무엇이나 절대시 해버리면 독선이 되기 쉽다는 것을 알아야 합니다. 그것은 하나님의 음성이 아니라 마귀의 소리가 될 수도 있고 하나님의 뜻이 아니라 자기 뜻이 될 수도 있는 것입니다.

말씀을 바로 배우지 못하면

천상의 시인이라고 부르는 송명희 자매를 잘 아실 것입니다. 한국의 크로스비라는 별명을 붙여도 손색이 없을 만큼 너무나 아름다운 자매입니다. 그는 뇌성마비 장애를 안고 지금까지 너무 힘들게 살아 왔습니다. 그 모습이 너무 애처로워서 보는 사람의 마음을 아프게 합니다. 그러나 그가 쓴 시를 읽으면 얼마나 가슴 찡한 감동을 받는지 모릅니다. 그 자매가 쓴 글에 자기 어머니에 대한 이야기가 나옵니다. 그 어머니는 최정임 전도사라는 분입니다. 그는 열두 살 때 예수님을 영접했습니다. 그런데 그가 다니는 교회 안에 평생 독신으로 살면서 가난한 사람을 도와 주고 지체가 부자유한 사람들을 사랑으로 보살피는 일을 하는 부인이 있었습니다. 송 양의 어머니는 그 부인을 볼 때마다 마음에 큰 감동을 받았던 것 같습니다. 그래서 자기도 모르게 "주여, 나도 나중에 어른이 되면 저 부인처럼 살게 하옵소서. 눈이 없는 자에게 눈이 되고 귀가 없는 자에게 귀가 되고 다리가 없는 자에게 다리가 되어 불행한 사람을 그리스도의 사랑으로 돌보아 주면서 평생 독신으로 살며 헌신하게 하옵소서." 하고 일종의 서원기도를 했나 봅니다.

훗날에 그 어머니가 서울로 이사와서 어느 교회에서 일하고 있었습니다. 그때 그 교회에서 사역하던 어떤 나이 많은 여전도사가 그를 탐내어 며느리로 맞아들이려고 했습니다. 자꾸만 아들하고 결혼을 해달라고 재촉했습니다. 송 양의 어머니는 평생 독신을 지키며 주님을 위해 살겠다고 약속한 것이 있기 때문에 안 된다고 거절했습니다. 그러나 열 번 찍어 안 넘어가는 나무가 없다고 결국에는 결혼을 하고 말았습니다. 결혼을 하고 보니 신랑이 형편없는 사람이었습니다. 몸은 약한 데다 성격은 괴팍하고 하는 일 없이 놀고 먹는 인간이었습니다. 마음에도 없는 그런 사람과 가정을 이루었으니 얼마나 마음의 짐이 되었겠어요? 그러다가 애를 하나 낳았는데 그가 송명희였어요. 얼마 지나지 않아서 그 딸에게 뇌성마비라는 청천벽력 같은 선고가 떨어졌습니다. 그 후에 그 어머니는 자주 이렇게 탄식했다고 합니다. "하나님 앞에 독신으로 살겠다고 서원을 했는데 그렇게 못했기 때문에 내가 이런 죗값을 받는 거야."

송 양 어머니의 생각이 옳습니까? 하나님이 독신 서원을 어겼다고 해서 나쁜 남편을 주시고 뇌성마비 자녀를 주시는 분입니까? 우리가 믿는 하나님은 그런 분이 아닙니다. 서원기도라는 것이 구약시대에는 어떤 의미를 가졌습니다. 그러나 신약시대에는 다릅니다. 시집을 안 가고 하든, 가서 하든 주님 앞에 헌신하면 그것으로 우리의 삶은 거룩한 제사가 되는 것입니다. 송 양의 어머니는 잘못 생각하고 있는 것입니다. 그의 고통은 하나님의 심오한 뜻을 가진 거룩한 무엇을 내포하고 있는 고통이라고 해야 할 것입니다. 지금은 그 의미를 밝히 몰라도 저 나라에 가면 알게 될 것입니다. 우리 마음에 짚이는 생각은 물론 중요합니다. 그러나 그것은 그 사람이 무엇을 어떻게 배웠느냐에 따라 좌우되는 경우가 많습니다. 그런 만큼 말씀을 잘못 배운 사람은 그 마음에서 일어나는 생각도 잘못되기 쉽고 심지어 깨닫는 것도 바른 것이 아닐 수 있다는 사실을 알아야 합니다.

오늘 한국 교회를 보면 잘못 배워서 영적으로, 정신적으로 무거운 짐을 지고 사는 사람들이 너무 많습니다. 우리 중에 만약 그런 분이 계시면 주님께서 그의 마음의 짐을 전부 거두어 주시고 그의 심령에 자유함 주시기를 바랍니다. 마음 속에 떠오르는 어떤 생각을 너무 절대시 하지 마십시오. 그것이 과연 옳은 것인가 하고 말씀을 보면서 더 신중히 생각하는 자세를 가져야 합니다.

예수 안에 정죄는 없다

셋째로, 습관성 죄책감에서 벗어나야 합니다. 우리는 무슨 일을 당하면 그것을 자꾸 죗값으로 돌리는 버릇이 있습니다. 이미 용서받은 죄를 다시금 떠올려 괴로워하기도 합니다. 그것은 옳지 않습니다.

바울은 아주 나쁜 사람이었습니다. 나중에는 사도가 되었지만 그의 과거를 보면 매우 질이 나쁜 사람이었다는 것을 알 수 있습니다. "내가 전에는 훼방자요 핍박자요 포행자이었으나 도리어 긍휼을 입은 것은 내가 믿지 아니할 때에 알지 못하고 행하였음이라"(딤전 1:13).

바울은 자신의 이력서에 스스로 훼방자, 핍박자, 포행자였다고 밝히고 있습니다. 우리 중에 자신의 이력서를 그런 식으로 쓰는 사람이 어디 있습니까? 사실 바울은 유대교에 너무 열심을 내다가 크게 잘못된 사람이었습니다. 그는 몸에 병을 가지고 다녔습니다. 하나님이 고쳐 주시지 않는 병이었습니다. 그런데 그가 평생 동안 그 죄책감에서 벗어나지 못하고 있었다면 그 병을 놓고 어떻게 생각했겠습니까? "이것은 내 죗값이구나. 스데반을 죽였기 때문에 찾아온 불행이구나." 그래서 하나님 앞에 이렇게 기도했을 것입니다. "주여, 내가 스데반을 죽였더니 결국 이런 병이 왔군요. 내가 교회를 핍박했더니 결국 내 몸에 이런 병이 생겼군요. 주여, 어떻게 하면 좋겠습니까?" 그의 탄식을 들으시고 주님이 뭐라고 말씀하셨을까요? "네 말이 옳다. 스데반을 죽인 죗값으로 네 몸에 병이 생겼느니라. 그러므로 고침받겠다는 생각은 하지 말라. 내가 용서를 했지만 너의 죄를 잊을 수가 없어. 그러니까 네가 평생 병을 짊어지고 사는 것이 좋을 것이니라." 바울이 쓴 서신서를 다 훑어보세요. 이런 이야기는 한 마디도 찾아볼 수 없습니다.

주님은 바울에게 이렇게 말씀하셨습니다. "내게 이르시기를 내 은혜가 네게 족하도다 이는 내 능력이 약한 데서 온전하여짐이라 하신지라 이러므로 도리어 크게 기뻐함으로 나의 여러 약한 것들에 대하여 자랑하리니 이는 그리스도의 능력으로 내게 머물게 하려 함이라"(고후 12:9). 다시 말하면 이런 의미라고 할 수 있습니다. "바울아, 내 은혜가 너에게 충분하다. 네가 왜 병을 가지고 있는지 아느냐? 내 능력이 너의 약한 데서 강해지고 완전해지는 것을 너로 하여금 체험하도록 하기 위해서 그런 것이다." 주님은 바울이 범한 과거의 살인죄를 가지고 따지지 않습니다. 바울은 그런 주님에 대해서 너무나 잘 알고 있었습니다. "내 몸에 있는 병은 내 죗값이 아니다. 내가 교만해질 수 있는 것을 사전에 막으시려고 나를 약하게 만드신 것이다. 그 약함은 하나님의 놀라운 능력을 체험하도록 하기 위해서 주신 것이다." 바울은 놀랍게도 이런 믿음을 가지고 있었습니다. 얼마나 놀라운 깨달음입니까?

제가 언젠가 이야기를 한 적이 있지요? 제가 아프다고 하니까 어떤 여전도사는 "옥 목사가 무슨 죄를 범한 것이 틀림없어. 죗값이야." 하고 단정을 내렸습니다. 그런데 어느 연로하신 목사님은 저에게 이런 말씀을 하셨습니다. "나는 40년 동안 목회를 해오면서 사람 때문에 괴로움을 당한 때도 있었고 특별히 어려운 문제를 안고 고민한 적도 많았어. 이것은 주님께서 내가 교만하지 못하도록 바울에게 준 것처럼 가시를 주신 것 같아." 그 말씀을 듣고 저는 이런 답변을 했습니다. "그런데 저는 건강이 안 좋다뿐이지 목사님처럼 밖으로부터 생긴 무슨 가시가 있어서 고민한 적은 별로 없습니다." 그랬더니 그 목사님이 저보고 "그러니까 옥 목사에게는 몸 안에 가시를 주셨지." 그러시더라구요. 하나님이 제 몸 안에 가시를 주셨다는 것입니다. 일리가 있는 말입니다. 제가 아픈 것은 죗값이 아니라 하나님께서 저 자신의 유익을 위해 몸에 가시를 주신 것이라고 생각합니다.

우리가 믿는 사람이라면 고통을 보는 눈이 좀 바뀌어야 합니다. 우리 모두는 크고 작은 고통을 짊어지고 있습니다. 그중에는 이해할 수 없고 억울하고 화가 치미는 고통도 있습니다. 그러나 그 고통의 원인을 조상의 죗값으로 돌려서는 안 됩니다. 우리 중에 혹시나 "내가 무슨 죄가 많아서 이런 고생을 하지?" 하고 생각하는 분이 있습니까? 예수 안에서 정죄와 보응은 사라졌습니다. 이것을 꼭 믿으시기 바랍니다.

로마서 14장 22절에 보면 이런 말씀이 나옵니다. "네게 있는 믿음을 하나님 앞에서 스스로 가지고 있으라 자기의 옳다 하는 바로 자기를 책하지 아니하는 자는 복이 있도다." 하나님 앞에서 자기의 믿음을 지키고 자기가 옳다고 생각하는 일을 가지고 죄책감을 느끼지 않는 사람이 행복한 사람이라고 말씀하고 있습니다. 자기가 옳다고 믿는 것을 꼭 붙들어야 한다는 말입니다. 자기가 옳다고 믿는 것을 가지고 왜 자기를 책망합니까? 그것은 옳은 태도가 아닙니다. 이번 주에 외워야 할 욥기 말씀이 바로 이런 내용입니다. "내가 내 의를 굳게 잡고 놓지 아니하리니 일평생 내 마음이 나를 책망치 아니하리라"(욥 27:6). 여기에 나오는 '내 의' 는 무엇을 말합니까? 그것은 예수 그리스도의 의입니다. "나는 예수 그리스도의 의를 굳게 잡고 깨끗한 양심으로 일생 동안 나를 책망치 않고 살겠노라." 우리에게 이런 긍지와 결단이 있어야 합니다. 우리는 이런 자세를 가지고 모든 문제를 보아야 합니다. 예수님은 우리에게 자유함을 주셨습니다. "그리스도께서 우리로 자유케 하려고 자유를 주셨으니 그러므로 굳세게 서서 다시는 종의 멍에를 메지 말라"(갈 5:1). 얼마나 감사합니까?

당신은 예수님을 믿는다고 하면서도 자유함을 누리지 못하고 억눌리면서 살고 있습니까? 그것은 비극 중의 비극입니다. 우리는 조상의 모든 죄로부터 자유함을 얻었습니다. 우리는 과거의 모든 죄로부터 자유함을 얻었습니다. 하나님은 우리에게 어떤 죗값도 묻지 아니하십니다. 이 놀라운 복음 앞에서 우리 마음에 있는 모든 고통을 다 던져 버리고 자유함을 누립시다. 우리는 하나님의 자녀들입니다. 설령 우리 앞에 커다란 고통이 다가온다 할지라도 두려워하지 맙시다. 그것을 죗값이라고 하면서 스스로 정죄하는 바보 같은 사람이 되어서는 안 됩니다. 하나님께서 그 고통을 통해서 나를 약한 데서 강하게 하시는 능력을 체험하게 만드신다는 것을 믿어야 합니다. 하나님이 우리에게 주시는 고통은 우리를 정금같이 단련하기 위한 과정으로 주시는 것입니다. 이것을 볼 줄 아는 눈, 이것이 우리에게 있어야 합니다.

고통을 보는 믿음의 시각은 참으로 중요합니다. 어떻게 보느냐에 따라서 그 사람의 고통이 치유될 수도 있고 그렇지 아니할 수도 있는 것입니다. 당신은 자신의 고통을 억눌린 자의 심정으로 보고 있지 않습니까? 자유함을 가지십시오. 욥처럼, 바울처럼 자신의 고통을 볼 줄 알아야 합니다. 다윗은 이렇게 찬양했습니다. "저녁에는 울음이 기숙할지라도 아침에는 기쁨이 오리로다"(시 30:5). 다윗이 고통을 보는 시각은 우리와 얼마나 다릅니까? "주님은 나에게 죗값으로 고통을 주시지 않았어. 선한 뜻을 가지고 주신 것이야. 그러므로 나의 슬픔이 변하여 춤이 되게 하실 거야." 다윗은 그런 믿음을 가지고 살았습니다. 다윗이 그렇게 살았는데 오늘 예수 안에서 사는 우리가 그렇게 못할 까닭이 어디 있습니까? 고통을 보는 눈을 바꾸십시오. 믿음의 눈으로, 긍정적인 눈으로, 하나님의 선하신 뜻을 신뢰하는 눈으로 자신의 고통을 보아야 합니다. 믿는 우리들이 고통을 의미 있게 받아들이며 아름답게 사는 것을 보면 세상 사람들이 하나님의 선하심을 찬양하게 될 것입니다.

고통을 다루시는 하나님의 손길

네가 실로 나의 듣는 데 말하였고 나는 네 말소리를 들었느니라
이르기를 나는 깨끗하여 죄가 없고 허물이 없으며 불의도 없거늘
하나님이 나를 칠 틈을 찾으시며 나를 대적으로 여기사
내 발을 착고에 채우시고 나의 모든 길을 감시하신다 하였느니라
내가 네게 대답하리라 이 말에 네가 의롭지 못하니 하나님은 사람보다 크심이니라
하나님은 모든 행하시는 것을 스스로 진술치 아니하시나니 네가 하나님과 변쟁함은 어찜이뇨
사람은 무관히 여겨도 하나님은 한번 말씀하시고 다시 말씀하시되
사람이 침상에서 졸며 깊이 잠들 때에나 꿈에나 밤의 이상 중에
사람의 귀를 여시고 인치듯 교훈하시나니
이는 사람으로 그 꾀를 버리게 하심이며 사람에게 교만을 막으려 하심이라
그는 사람의 혼으로 구덩이에 빠지지 않게 하시며
그 생명으로 칼에 멸망치 않게 하시느니라(욥기 33:8~18).

하나님은 우리가 당하는 고통을 다 알고 계십니다. 하나님은 절대 우리를 섭섭하게 하시는 분이 아닙니다. 우리가 당하는 모든 고통은 하나님의 손에 있습니다.

지금까지 우리는 욥이 왜 고통을 당하는가 하는 문제를 가지고 욥과 세 친구가 논쟁을 벌였던 내용을 몇 가지 살펴보았습니다. 세 친구들은 장시간 동안 욥이 당한 고난에 대해 그 이유를 설명하려고 애썼지만 급기야는 말이 막혀 입을 다물고 말았습니다. 그들은 욥을 정죄하려 했을 뿐 그가 하는 말에 대해 변변한 대답은 하지 못했습니다. 결국은 자기들 주장만 하다가 할 말을 잃은 채 입을 다물어 버렸습니다.

이때에 엘리후라는 젊은이가 뛰어드는데 엘리후가 어떤 경로로 그 자리에 앉아 있게 되었는지 우리는 알 수 없습니다. 그리고 욥을 이전부터 잘 알고 있는 사람이었는가 하는 것도 확실치가 않습니다. 그렇지만 그가 하는 말을 들어보면 욥과 세 친구들이 논쟁을 벌이는 자리에 처음부터 끝까지 함께 있었다는 것을 알 수 있습니다. 그는 논쟁에 끼어들고 싶은 충동을 자주 느꼈지만 나이가 어리다는 이유로 끝까지 입을 다물고 있었습니다. 나이는 어리지만 겸손하고 동정심이 많은 사람이었던 것 같습니다.

세 친구들은 마치 재판장의 자리에 앉아서 피고를 내려다보듯이 욥을 다루었지만 엘리후는 달랐습니다. 그는 고압적인 자세로 욥을 대하지 않았습니다. "나와 네가 하나님 앞에서 일반이니 나도 흙으로 지으심을 입었은즉"(욥 33:6). '나와 당신은 다른 것이 하나도 없다.'라는 겸허한 자세로 욥을 대하고 있습니다. 친구들도 욥의 과거를 가지고 그가 당하는 고통을 해석하려 들었지만 엘리후는 그렇게 하지 않았습니다. 그는 욥을 이해하려고 했고 의로운 사람으로 인정하려고 했습니다. 그는 욥이 죄를 지었기 때문에 고통을 당한다고 생각하지 않았습니다. 욥의 처지를 보면서 자기 나름대로 판단한 것이 있었습니다. 그는 고통에 대하여 반응하는 욥의 태도에 문제가 있다고 보았습니다. 욥이 죄 때문에 고통당하고 있는 것이 아니라 고통 때문에 죄를 짓고 있는 것이라고 판단했습니다. 엘리후는 먼저 이 점을 예리하게 지적하고 있습니다.

그러면 엘리후가 욥의 태도 중에서 어떤 면을 나무라고 있는지 보겠습니다. "네가 실로 나의 듣는 데 말하였고 나는 네 말소리를 들었느니라 이르기를 나는 깨끗하여 죄가 없고 허물이 없으며 불의도 없거늘 하나님이 나를 칠 틈을 찾으시며 나를 대적으로 여기사 내 발을 착고에 채우시고 나의 모든 길을 감시하신다 하였느니라." 좀 쉽게 이야기하면 욥이 이런 말을 했다는 것입니다. "나에게 무슨 잘못이 있어? 나는 허물이 없어. 결백해. 그런데도 하나님은 내게서 흠잡을 것을 찾으시고 죄인 다루듯이 나를 다루고 있지 않는가?" 이렇게 욥이 불평하는 것을 엘리후가 들었다는 말입니다. 사실 그렇습니다. 욥기를 읽어보면 욥이 그런 식으로 불평하는 것을 많이 볼 수 있습니다. 욥은 자기의 결백을 내세우려고 하다가 하나님을 불의한 자로 몰아붙인 셈이 되고 말았습니다. 엘리후는 욥의 이런 태도를 옳지 않다고 보았습니다. 자기의 결백을 증명하기 위해서 하나님을 불의한 분으로 비치게 하는 것은 분명히 죄가 된다고 판단했던 것입니다.

광대하시고 전능하신 하나님

엘리후는 12, 13절에서 이렇게 말합니다. "내가 네게 대답하리라 이 말에 네가 의롭지 못하니 하나님은 사람보다 크심이니라 하나님은 모든 행하시는 것을 스스로 진술치 아니하시나니 네가 하나님과 변쟁함은 어찜이뇨." 하나님은 우리보다 위대하시고 광대하신 분이라서 무슨 일을 하든 인간에게 일일이 설명하는 분이 아닙니다. 인간이 보기에는 무언가 잘못하는 것 같아도 하나님은 그런 분이 아닙니다. 그렇기 때문에 욥이 설혹 원통한 일을 당했다 할지라도 그것으로 인하여 하나님이 잘못했다고 말하면 안 되는 것입니다. 하나님이 우리에게 알아듣도록 설명해 주시지 않는다고 해서 어떻게 하나님이 틀렸다고 말할 수 있습니까? 인간에게는 그런 권리가 없습니다. 엘리후가 지적한 말은 진리입니다.

어떤 분이 하나님을 비유하면서 이런 표현을 했습니다. "하나님은 사람의 손에 길들여지지 아니한 사자와 같다." 그 표현이 약간 이상한 것 같지만 옳은 말입니다. 하나님은 광대하시고 크신 분이요, 자기가 하고 싶은 대로 하시는 분입니다. 그분은 우리가 하라는 대로 움직이는 분이 아닙니다. 그러므로 자기 좋은 대로 하나님이 따라 주지 않는다고 해서 원망하고 대항하는 자가 있다면 그는 하나님이 누구신가를 모르는 사람입니다. 하나님은 자기가 하는 일을 일일이 우리에게 설명할 책임이 없는 분입니다. 그러나 한 가지 분명한 사실이 있습니다. 하나님은 절대 악을 행치 않으시는 분이라는 것입니다. 이 말씀이 바로 뒷장에 나옵니다. "진실로 하나님은 악을 행치 아니하시며 전능자는 공의를 굽히지 아니하시느니라"(34:12). 여기서 우리 자신을 한번 돌아보아야 하겠습니다. 우리는 신앙생활을 잘하다가도 이해할 수 없는 어떤 고통이 찾아오면 욥과 같이 하나님을 향해 잘못된 태도를 보일 때가 있습니다. 오랫동안 무거운 십자가를 지고 살면서 은근히 하나님을 원망한다든지, 자기가 옳은데 하나님이 틀렸다는 식으로 생각한 적은 없습니까?

어거스틴은 불후의 명저 『하나님의 도성』이라는 책에서 의미 깊은 말을 했습니다. "고통은 동일하나 고통당하는 사람은 동일하지 않습니다.

악한 사람은 똑같은 고통을 당하면서도 하나님을 비방하고 모독하지만 선한 사람은 그 고통 속에서도 하나님을 찾으며 하나님을 찬양합니다. 모든 사람이 무슨 고통을 당하느냐가 문제가 되는 것이 아니라 어떻게 당하느냐가 문제입니다. 똑같은 미풍이 불어오지만 오물은 더러운 냄새를 풍기고 거룩한 기름은 향기로운 냄새를 풍깁니다." 옳은 말입니다. 중요한 것은 고통을 대하는 사람의 태도입니다. 똑같은 고통이라도 대하는 사람의 태도에 따라 그것이 추하게도, 아름답게도 보이는 것입니다. 엘리후가 욥에게 지적하고 싶었던 문제가 바로 이런 것이었습니다.

그렇지만 엘리후는 욥의 태도를 나무라는 데서만 끝나지 않습니다. 그는 예리한 영적 통찰력을 동원하여 욥의 고통을 새롭게 보기 시작합니다. 그래서 욥에게 창조적인 안목을 가지고 긍정적인 눈으로 고통을 보라고 권면합니다. 욥의 친구들은 그의 과거를 가지고 따졌지만 그는 그렇게 하지 않았습니다. 그는 욥의 고통을 한 단계 높은 수준으로 끌어 올려 놓고 있습니다. 비록 고통 그 자체는 견디기 힘들고 가까이 하기 싫은 것이지만 선용하면 다른 데서 얻을 수 없는 큰 유익을 얻을 수 있다고 말하고 있습니다. 그는 욥에게 고통을 창조적으로 다루시는 하나님의 손길을 보라고 말합니다. 불평하지 말고 신앙의 눈으로 하나님의 손길을 주목하라고 합니다. 하나님은 고통을 통해 만나 주시고 치료해 주신다는 것입니다.

고통을 대화의 통로로

하나님은 우리가 당하는 고통을 대화의 통로로 이용하십니다. 하나님은 고통당하는 자에게 특별히 가까이 찾아오십니다. 특별히 그와 교제를 나누기 원하시고 특별한 대화를 나누고 싶어하십니다. 이것이 우리 주님의 마음입니다. 이 사실을 엘리후는 이렇게 표현합니다. 본문 33장 14절입니다. "사람은 무관히 여겨도 하나님은 한 번 말씀하시고 다시 말씀하시되." 고통을 당하는 사람은 비록 하나님을 찾지 않아도 하나님은 고통당하는 사람에게 찾아오셔서 한 번 말씀하신다는 것입니다. 이어서 나오는 15, 16절을 봅시다. "사람이 침상에서 졸며 깊이 잠들 때에나 꿈에나 밤의 이상 중에 사람의 귀를 여시고 인치듯 교훈하시나니." 주님은 고통 중에 있는 자를 찾아오십니다. 대낮에 찾아와서 말씀하실 때 그 사람이 잘 듣지 못하면 밤에 졸 때도 찾아오십니다. 밤에 졸 때 찾아와서 말씀하시는데도 그 사람이 깨닫지 못하면 꿈 속에서까지 나타나셔서 그를 교훈하신다는 말입니다. 하나님은 고통 중에 있는 사람을 특별히 찾으십니다. 특별히 그와 만나 이야기를 하려고 하십니다.

그리고 "귀를 여시고 인치듯 교훈하신다."라는 말은 귀가 뚫릴 때까지 거듭거듭 말씀하신다는 뜻입니다. 언제 우리 귀가 하나님의 말씀에 쉽게 열립니까? 형통할 때입니까 아니면 곤고할 때입니까? 이상하게도 만사가 잘되고 자신감이 넘칠 때는 하나님의 말씀이 귀에 잘 들어오지 않습니다. 그러나 고통스러운 일을 당해서 힘이 빠졌을 때, 너무 슬퍼서 몸을 가누지 못할 때는 귀가 열리면서 하나님의 말씀이 잘 들어옵니다. 주님이 고통당하는 자에게 특별히 찾아오셔서 말씀하시기 때문입니다. 하나님이 그 사람의 귀를 열어서 인치듯이 말씀하시기 때문에 고통당할 때는 하나님의 음성이 잘 들리게 되어 있습니다. "혹시 그들이 누설에 매이거나 환난의 줄에 얽혔으면 그들의 소행과 허물을 보이사 그 교만한 행위를 알게 하시고"(36:8). "그들의 귀를 열어 교훈을 듣게 하시며 명하여 죄악에서 돌아오게 하시나니"(36:19). 하나님께서 특별히 고통당하는 자를 찾아가셔서 말씀하신다는 것입니다. 그래서 C. S. 루이스가 이런 표현을 한 적이 있습니다. "사람에 따라 무서운 일이 일어나기 전에는 하나님께 귀를 기울이지 않는 습성이 남아 있다. 그러므로 고통이라는 것은 귀머거리에게 하나님을 알아듣도록 하는 하나님의 확성기다."

우리 중에 어떤 고통을 안고 아픈 가슴을 억누르면서 살고 있는 형제자매가 있습니까? 그 고통 때문에 하나님은 남달리 당신과 대화를 나누려고 다가오십니다. 지금까지의 모든 불신앙을 쫓아 버리고 원망을 잠재우십시오. 성경 말씀을 조용히 묵상해 보세요. 무릎을 꿇고 기도하면서 하나님께서 무엇이라고 말씀하시는지 조용히 기다려 보세요. 당신만이 들을 수 있는 기막힌 음성이 있을 것입니다. 그것은 위로의 속삭임일 수도 있습니다. 깨닫게 하는 교훈일 수도 있습니다. 더 나아가서는 축복의 노래 소리일 수도 있습니다. 하나님이 당신의 고통을 대화의 통로로 이용하신다는 것을 분명히 확신하시기 바랍니다.

사도행전 14장을 보면 바울이 선교여행 중에 크게 어려움을 당하는 장면이 나옵니다. 폭도들이 바울을 해치는 사건이 생생하게 표현되어 있습니다. 무리가 바울에게 달려들어 그를 돌로 내리쳤습니다. 바울은 의식을 잃고 땅바닥에 쓰러졌습니다. 사람들 눈에는 완전히 죽은 사람처럼 보였습니다. 그래서 사람들은 그를 성 밖으로 끌어 내쳤습니다. 그 순간 바울이 엄청난 경험을 하게 될 줄 누가 알았겠습니까? 놀랍게도 그는 삼층천으로 올라갔던 것입니다. 그 이야기가 고린도후서 12장에 나옵니다. "무익하나마 내가 부득불 자랑하노니 주의 환상과 계시를 말하리라 내가 그리스도 안에 있는 한 사람을 아노니 십사 년 전에 그가 셋째 하늘에 이끌려 간 자라(그가 몸 안에 있었는지 몸 밖에 있었는지 나도 모르거니와 하나님은 아시느니라) 내가 이런 사람을 아노니(그가 몸 안에 있었는지 몸 밖에 있었는지 나도 모르거니와 하나님은 아시느니라) 그가 낙원으로 이끌려 가서 말할 수 없는 말을 들었으니 사람이 가히 이르지 못할 말이로다"(고후 12:1~4). 참으로 놀라운 간증입니다. 학자들은 말하기를 바울이 돌에 맞아 죽어 있던 그 순간에 하나님께서 그를 삼층천에 올려서 기가 막힌 말씀을 듣게 하셨다고 합니다. 놀랍지 않습니까? 고통은 하나님의 음성을 들을 수 있는 통로가 됩니다.

우리가 고통을 몰랐다면 도저히 들을 수 없는 하나님의 음성이 있습니다. 우리가 눈물을 흘린 덕분에 하나님이 들려주신 음성이 있습니다. 우리가 식음을 전폐하고 슬퍼한 덕분에 하나님이 위로해 주신 말씀이 있습니다. 우리가 깊은 밤을 고통으로 지새운 덕분에 듣게 된 하나님의 속삭임이 있습니다. 고통은 우리의 영의 귀를 열어줍니다. 고통은 사람의 소리와 하나님의 음성을 구별하게 합니다. 지금 남 모르는 고통을 안고 신음하고 있다면, 영의 귀를 열고 하나님의 말씀에 귀기울여 보십시오. 분명히 하나님이 가까이 오셔서 들려주시는 음성이 있을 것입니다.

고통을 예방의 수단으로

엘리후가 가르쳐 주는 또 하나의 귀중한 진리가 있습니다. 하나님은 고통을 예방의 수단으로 사용하신다는 것입니다. 하나님은 우리에게 작은 고통을 미리 주심으로 더 큰 화를 막아 주십니다. 작은 고통을 먼저 주셔서 그 사람으로 하여금 정신차리게 해서 나중에 당할지도 모르는 큰 위험으로부터 건져 주신다는 것입니다. 우리가 고통당할 때 왜 하나님이 찾아오셔서 귀를 여시고 인치듯 교훈하시는 것일까요? 그 이유가 33장 17, 18절에 나옵니다. "이는 사람으로 그 꾀를 버리게 하려 하심이며 사람에게 교만을 막으려 하심이라 그는 사람의 혼으로 구덩이에 빠지지 않게 하시며 그 생명으로 칼에 멸망치 않게 하시느니라." 하나님께서 우리의 교만을 막으시고 우리 영혼이 멸망치 않게 하시려고 고통을 예방의 수단으로 사용하신다는 것을 알 수 있습니다. 쉽게 부풀어오르는 고무 풍선처럼 자신도 모르게 교만해지는 연약함이 우리 모두에게 있습니다. 이 교만으로 인해서 고민하는 사람들을 많이 볼 수 있습니다. 아무리 믿음이 좋은 사람도 자신의 교만을 꺾지 못해서 매일 하나님 앞에 회개하고 기도하는 것을 봅니다. 그만큼 교만은 우리에게 무서운 적입니다.

　이런 교만한 마음을 내버려두면 어떤 일이 일어날까요? 잠언 16장 18절에 나오는 말씀 그대로입니다. "교만은 패망의 선봉이요 거만한 마음은 넘어짐의 앞잡이니라." 교만한 사람을 가만히 내버려두면 결국은 망합니다. 하나님이 그것을 잘 아시고 우리로 하여금 망하지 않도록 고통을 주어 교만을 꺾으신다는 말입니다. 불행을 사전에 예방하시는 것입니다. 우리는 자신을 똑똑하다고 생각하지만 사실은 죽음의 함정이 기다리고 있는지도 모르고 달려가는 습성이 있습니다. 죄의 덫이 놓여 있는지도 모르고 만사가 되는 줄 알고 쾌락을 즐기는 일들이 가끔 있습니다. 지나치게 자신만만하게 날뛰다가 건강을 잃어버릴 때도 있고 그야말로 평생 회복할 수 없는 치명타를 당하는 일들도 가끔 있습니다. 우리는 우리 앞에 놓여 있는 그러한 함정과 위험을 잘 모릅니다. 그러나 하나님은 환하게 내려다보고 계십니다. 우리 앞에 놓인 위험을 보시고 하나님은 어떻게 하실까요? 작은 문제를 통해서 인치듯 우리를 교훈하십니다. 그러나 귀가 어두워 잘 듣지 않으면 더 큰 고통을 가지고 경고하십니다. 그래서 하나님은 우리가 죽음의 함정을 향해 달려가지 못하게 하는 것입니다. 자신 있다고 우쭐대는 자랑을 꺾기 위해서 명예를 앗아갈 때도 있습니다. 자신 있다고 우쭐대는 자랑을 꺾으려고 자기 꾀에 빠져 크게 망신을 당하게 할 때도 있습니다. 영원히 버림당하지 않게 하시려고 밑바닥까지 떨어지게 할 때도 있습니다. 큰 불행을 예방해 주시는 것입니다.

1989년은 사랑의교회가 한창 인기절정에 있을 때입니다. 소문도 많이 나고 사방에서 집회 요구가 빗발치듯이 날아오던 때였습니다. 그러니 목사가 정신이 없었지요. 유럽으로 갔다가, 미국으로 갔다가, 일본 사람 만났다가, 중국 사람 만났다가…. 너무나 바쁘게 지냈습니다. 그런데 하나님께서 하루아침에 저를 쓰러뜨리셨습니다. 몸에 이상이 온 것입니다. 제가 그렇게 당하고 보니 욥의 심정이 이해가 되더군요. "주님, 왜 이러세요? 주님의 일을 하느라고 그렇게 정신없이 뛰었는데 왜 이러세요?" 욥이 고통을 당할 때 태도가 잘못된 것처럼 저도 불평이 나왔습니다. 원망이 터져 나왔습니다. 그러나 조금 지나서 고통 중에 하나님의 음성 듣기를 원했습니다. 그렇다고 해서 하늘로부터 어떤 음성이 들린 것은 아닙니다. 말씀을 읽으면서 제 마음에 들려온 하나님의 음성이 있었습니다. 그것은 '기이한 사랑'이었습니다. 지금은 가사가 좀 고쳐졌지만 옛날 찬송가에 이런 가사가 있습니다. "기이한 사랑이 내게 임했네. 기이한 사랑이 내게 임했네." 제 마음속에 계속 기이한 사랑이라는 단어가 떠나지를 않았습니다. "너는 고통스러워 불평하지만 너 이것 하나 알아야 해! 네가 얼마나 기이한 사랑을 받고 있는가를 알아야 해." 하나님이 그렇게 속삭여 주셨습니다. 고통을 통해 하나님이 저를 특별히 만나 주셨던 것입니다.

그것뿐만이 아닙니다. 하나님은 제가 고통당하는 이유를 알게 하셨습니다. 그것은 더 큰 위험을 사전에 예방해 주셨다는 것입니다. 저를 아끼는 친구들도 저에게 그런 말을 여러 번 해 주었습니다. 1989년, 한창 교회가 불붙듯이 자라고 사방에서 옥 목사, 옥 목사 하고 떠들 때, 저는 새벽부터 밤중까지 정신이 없었습니다. 얼마나 바빴는지요. 하나님이 보실 때 "옥 목사, 저렇게 놔두면 안 되겠구나" 하고 생각하셨나 봅니다. 지도자에게 있어서 가장 무서운 체험은 영적 침체입니다. 너무 바쁘니까 기도도 제대로 못하고 하나님의 말씀을 깊이 묵상하지도 못합니다. 그러니 영적으로 자꾸 메말라 가는 것입니다. 교역자가 영적으로 침체되고 고갈되어 버리면 마귀가 쉽게 그 사람을 꺾을 수 있습니다. 최근 2, 3년 사이에 미국에 있는 큰 교회 목사들이 어처구니없이 꺾이는 것을 보았습니다. 영적으로 침체되어 헤어나지 못하니까 마귀가 잡아 버리는 것입니다. 저는 고통 중에 그것을 깨달았습니다. "하나님 그렇군요. 제가 만약에 1989년에 뛰었듯이 계속 뛰었더라면 나도 모르게 벼랑에서 굴러 떨어졌을 텐데 병을 가지고 낚아채듯 나를 잡아 주셨군요. 정말 감사합니다." 주님께서는 제가 당할지도 모를 큰 위험을 사전에 예방해 주셨던 것입니다.

하나님은 우리 국가의 고통도 미리 예방해 주십니다. 지금 우리나라가 처해 있는 형편이 어떻습니까? 깨끗한 사람이 별로 없습니다. 부정부패가 판을 치는 세상입니다. 하나님이 왜 우리나라에 이런 시련을 주시는 것일까요? 하나님의 뜻이 있는 것입니다. 더 큰 위험을 예방하기 위해서 지금 고통을 당하게 하신다고 봅니다. 더 큰 시험을 미리 막아 주시는 우리 하나님을 찬양합니다.

고통을 치료의 과정으로

엘리후가 가르쳐 주는 또 하나의 진리가 있습니다. 하나님은 고통을 치료의 과정으로 이용하신다는 것입니다. 사람은 하나님을 찬양하기 위해 지음받은 존재입니다. 하나님께서 우리를 그리스도의 공로로 구원하신 것은 하나님의 자비와 전능하심과 광대하심을 찬양하고 경배하는 사람이 되도록 하기 위해서입니다. 우리는 어떤 환경에 있든지 하나님을 높이고 찬양해야 합니다. 세상이 어떻게 돌아가든, 무슨 일을 당하든, 심지어 내가 가진 것을 다 날려도 하박국처럼 노래할 수 있는 믿음의 사람이 되어야 합니다. "나는 여호와를 인하여 즐거워하며 나의 구원의 하나님을 인하여 기뻐하리로다"(합 3:18). 하나님은 우리를 하박국처럼 노래할 수 있는 사람으로 만들기 원하십니다. 그러나 우리는 어떻습니까? 그렇게 하지 못하는 나약함과 부패성과 한계를 가지고 있습니다. 그래서 하나님을 찬양해야 할 우리가 하나님을 찬양하지 않습니다. 하나님을 기쁘시게 해야 할 우리가 하나님을 기쁘시게 하지 않습니다. 우리의 믿음이 병든 것입니다.

하나님만을 전적으로 신뢰해야 할 우리가 왜 믿음이 식었습니까? 왜 하찮은 문제를 가지고 하나님께 원망하고 불평합니까? 너무 형통해서, 너무 편해서 생긴 병입니다. 그래서 조그마한 문제를 안고도 감당을 못해서 어린애 짓을 하는 것입니다. 하나님은 우리가 안고 있는 모든 병의 원인을 찾아 치료하기 원하십니다. 우리를 온전한 사람으로 만드시려는 것입니다. 하나님은 우리를 어떤 환경에서도 하나님만을 찬양할 수 있는 수준까지 올려 놓으려고 하십니다. 그 수준까지 오르는 데는 가끔 고통이라는 험한 바위를 타고 올라야 한다고 하나님은 생각하시는 것입니다. "나를 지으신 하나님 곧 사람으로 밤중에 노래하게 하시며 우리에게 지혜 주시기를 공중의 새에게 주심보다 더하시는 이가 어디 계신가 말하는 자가 한 사람도 없구나"(35:10, 11). 밤중에 노래한다는 것은 어려운 고통 가운데에서도 하나님을 찬양하는 것을 말합니다. 하나님은 우리가 어떤 환난과 역경 속에서도 하나님을 찬양하기 원하십니다. 그러나 하나님은 그런 사람이 없다고 탄식하십니다. 우리는 이런 말씀을 놓고 부끄러움을 느껴야 합니다.

과연 밤중에 노래할 수 있는 사람이 몇 명이나 됩니까? 병든 몸을 가지고도 하나님을 찬양할 수 있는 사람이 몇 명이나 됩니까? 실패하고 가진 재산 다 날려도 하나님만을 찬양하고 감사할 수 있는 사람이 몇 명이나 됩니까? 나의 지혜와 능력은 다 포기하고 하나님의 말씀만이 나의 생명이요 기쁨이요 소망이라고 말할 수 있는 삶을 사는 사람이 몇 명이나 됩니까? 그러나 놀랍게도 고통을 통해 치료를 받으면 그렇게 할 수 있다고 말씀하십니다. 엘리후가 지적하고 있는 것이 바로 이것입니다. 그래서 36장 24절을 보면 엘리후가 욥을 향해서 이렇게 말합니다. "너는 하나님의 하신 일 찬송하기를 잊지 말지니라 인생이 그 일을 노래하였느니라." 엘리후는 하나님이 밤중에도 노래할 수 있는 자리에다 욥을 세우기 원하고 계신다고 말합니다. 그러므로 누구든지 고통을 가지고 하나님께 감사하며 찬송할 수 없다면 그는 최고 수준의 신앙인이 아닌 것입니다. 믿음이 병든 사람은 인생의 밤중인 고통을 만나면 하나님을 노래하지 못합니다. 만사가 잘되면 하나님의 교훈을 가볍게 여기는 사람이 많습니다. 자기가 똑똑하다고 자신하는 사람은 하나님의 지혜를 구하려고 하지 않습니다. 고통은 예수 믿는 사람을 온전한 자리로 끌어올리는 데 없어서는 안 될 필수 요건이라는 것을 알아야 합니다.

슬픔을 기쁨으로 바꾸시는 하나님의 기적

우리나라의 어떤 작가는 "고통만이 인간이 짐승처럼 추해지는 것을 방지할 수 있다."고 했습니다. 일리 있는 말입니다. 그러나 하나님의 자녀는 그 정도의 수준에 머물지 않습니다. 우리는 고통을 통해 예수님처럼 온전한 사람이 될 수 있습니다. 고통을 끌어안고 몸부림치는 중에 약한 것이 강해질 수 있고, 부족한 것이 채워질 수 있습니다. 어리석은 것이 지혜롭게 될 수 있습니다. 깨끗하지 못한 것이 깨끗해질 수 있습니다. 균형 잡히지 않았던 것들이 균형을 이루게 됩니다. 미련이 없어지고 욕심이 없어지고 천박한 것이 고상해집니다. 미숙한 것이 성숙해지고 좁은 마음이 넓어집니다. 고통을 통해 우리가 하나님의 손에 의해 치료함을 받는 것입니다. 이것이 바로 히브리서 저자가 말하는 하나님의 거룩에 참예하는 것입니다(히 12:10).

당신 주변에서 고통이라는 용광로에 한번 들어갔다 나온 사람을 유심히 보십시오. 그 사람은 어딘가 다른 데가 있을 것입니다. 그는 인내할 줄 압니다. 고통당하는 자를 이해해 줍니다. 범사에 감사할 줄 압니다. 용기가 있습니다. 하나님의 선하심과 도우심을 의심치 않고 믿는 믿음이 있습니다. 그 인품이 어딘가 모르게 고상하고 깊이가 있다는 것을 발견하게 됩니다. 고통을 무조건 피하려고만 하지 마세요. 고통을 다루시는 하나님의 손길은 이처럼 놀라운 것입니다.

얼마 전에 재미동포 한 분의 이야기를 들은 적이 있습니다. 안타깝게도 그분은 다 키운 자식을 잃어버리는 사고를 당했다고 합니다. 예수를 믿으면서도 이런 어려운 일을 당할 때가 가끔 있습니다. 얼마나 비통했겠습니까? 말로 표현할 수가 없을 것입니다. 60이 넘어선 나이에 그런 고통을 당했으니 자연히 사람이 달라지지요. 고통이라는 것이 사람을 완전히 바꾸어 놓습니다. 재산 모으는 것이 인생의 낙인 줄 알았는데 그것이 다 소용없다는 것을 알게 되었습니다. 그래서 그는 자기의 재산을 하나님을 위해 쓰기 시작했습니다. 어느 선교사님이 돈이 부족하다는 것을 알고 거액을 헌금했습니다. 또 어느 선교단체에서 땅이 필요하다는 것을 알고 선뜻 자기 땅을 내놓았습니다. 자기가 가진 것을 주님을 위해 쓴 것입니다. 고통을 통해 하나님이 그 사람을 치료해 주셨습니다. 한때는 너무나 괴로웠지만 그 고통을 통해 밤중에도 하나님을 찬양할 수 있는 사람으로 바뀐 것입니다.

제 경우도 마찬가지입니다. 고통을 통해서 하나님은 저를 치료해 주셨습니다. 저는 예전에는 건강한 편이었습니다. 그래서 다른 사람을 이해하는 면이 약했습니다. 무슨 이유에서든지 해야 할 일을 제대로 못하는 사람을 봐 주지 못하는 성격이었습니다. 어떤 면에서는 잔인했다고 할 수 있습니다. 그러나 고통을 통해서 하나님은 저를 다듬으셨습니다. 고통당하는 자를 불쌍히 여기는 긍휼의 마음을 심어 주신 것입니다. 이것 말고도 제가 고통을 통해서 얻은 것이 또 하나 있습니다. 교회가 점점 커 갈수록 부들부들 떠는 사람이 되었다는 것입니다. 교회가 자꾸 커지니까 겁이 납니다. 하나님께서 저를 그렇게 만들고 계셔요. 아마 저에게 고통이 없었다면 이런 식으로 사람이 변하지는 않았겠지요. 하나님 보시기에 좋아서 하는 일은 무엇이나 아름다운 것입니다. 사람 보기에는 어떠했든 간에 하나님 보시기에 좋은 것이면 그것은 반드시 선한 것입니다.

 고통을 안고 몸부림치는 분이 있습니까? 엘리후처럼 창조적인 안목을 가지고 고통에서 벗어나도록 노력해 보십시오. 신앙에 뿌리를 둔 긍정적인 눈을 가지고 자신의 고통을 들여다보시기 바랍니다. 당신이 당하는 고통으로 인해 무엇을 잃어버린다고 생각지 마십시오. 아무리 어려운 일을 당해도 손해본다고 생각지 마십시오. 그 고통 때문에 더 많은 것을 얻을 수 있습니다. 당신이 참고 견디면 분명히 다른 사람이 얻지 못하는 것을 얻게 될 것입니다. 우리 하나님은 선하신 분입니다. 우리를 잔인하게 괴롭히는 하나님이 아닙니다. 무슨 분명한 이유가 있기 때문에 고통을 허락하시는 것입니다. 그 이유는 악한 것이 아닙니다. 선한 것입니다. 하나님을 원망하지 마십시오. 고통 속에서도 눈을 열고 광대하신 하나님을 바라보십시오. 그분만 바라보면 밤중에 노래하는 기적을 체험할 수 있습니다. 그분만 바라보면 슬픔이 변하여 춤이 되게 하시는 능력을 체험할 수 있습니다. 우리 하나님은 얼마나 좋으신 분인지요!

 교회 안에는 여러 가지 고통을 안고 몸부림치는 형제 자매들이 많습니다. 결혼을 못해 고민하는 자매들, 사랑하는 가족을 잃고 고통하는 사람들, 사업에 실패해서 앞날이 막막해 어찌할 바를 모르는 형제들, 군대 간 아들이 몇 개월째 행방불명으로 소식이 없어서 잠을 못 자는 가정도 있습니다. 저는 그들을 위해 기도합니다. 그들의 고통을 생각하며 함께 울기도 합니다. 그들에게 일일이 말하지는 않지만 저는 분명한 확신을 갖고 기도하고 있습니다. 저는 마음속으로 그들에게 이렇게 말합니다. "하나님은 우리가 당하는 고통을 다 알고 계십니다. 하나님은 절대 우리를 섭섭하게 하시는 분이 아닙니다. 우리가 당하는 모든 고통은 하나님의 손에 있습니다."

광대하시고 전능하신 하나님이 우리의 아버지가 되십니다. 그분은 고통을 통해 우리를 치료해 주십니다. 우리를 넘어지게 하려는 더 무서운 함정을 그 고통을 통해서 예방해 주십니다. 그 고통을 통해 특별히 우리와 대화를 나누어 주십니다. 고통을 선하게 다루시는 하나님의 손길을 바라봅시다. 그러면 매일매일 힘있게 찬송하며 살아가는 이 세상의 태양이 될 것입니다.

폭풍 가운데 찾아오신 하나님

여호와께서 또 욥에게 말씀하여 가라사대
변박하는 자가 전능자와 다투겠느냐 하나님과 변론하는 자는 대답할지니라
욥이 여호와께 대답하여 가로되 나는 미천하오니 무엇이라 주께 대답하리이까
손으로 내 입을 가릴 뿐이로소이다 내가 한두 번 말하였사온즉
다시는 더하지도 아니하겠고 대답지도 아니하겠나이다
여호와께서 폭풍 가운데 욥에게 말씀하여 가라사대
너는 대장부처럼 허리를 묶고 내가 네게 묻는 것을 대답할지니라
네가 내 심판을 폐하려느냐 스스로 의롭다 하려 하여
나를 불의하다 하느냐 네가 하나님처럼 팔이 있느냐
하나님처럼 우렁차게 울리는 소리를 내겠느냐(욥기 40:1~9).

당신은 어떤 고통 앞에서 그 고통의 이유를 꼭 알아야겠다고 고집하는 사람은 아닙니까? 그렇다면 당신은 하나님의 깊은 속마음을 읽지 못하는 잘못을 범할 수 있다는 것을 알아야 합니다.

엘리후가 욥이 당하는 고통의 문제를 가지고 한참 이야기하고 있을 때였습니다. 갑자기 폭풍 가운데서 하나님이 나타나셨습니다. 38장 1절에 '때에' 하고는 하나님이 등장하시는 장면이 나옵니다. 한참 이야기를 하고 있던 엘리후는 갑자기 하나님이 임재하시니까 하던 말을 중단할 수밖에 없었습니다. 다른 사람들도 폭풍 중에 나타나시는 하나님을 주목하지 않을 수 없었습니다. 아마 하나님께서 욥의 소원을 받으셨던 것 같습니다. "내가 어찌하면 하나님 발견할 곳을 알꼬"(욥 23:3). 하나님을 만나 뵙기를 그렇게 소원하던 그의 심정을 아시고 주님이 폭풍 가운데 나타나신 것을 볼 수 있습니다.

폭풍은 검은 먹구름에다가 번개와 뇌성이 수반되는 자연 현상입니다. 구약시대에 보면 하나님이 이스라엘 백성을 찾아오실 때 폭풍 구름 가운데서 나타나시는 예가 여러 번 있었습니다. 특별히 시내산에서 그 좋은 예를 볼 수 있습니다. 이때 나타나는 구름은 하나님의 임재를 사람들에게 알려 줌과 동시에 사람이 볼 수도 없고 또 보아서도 안 될 하나님의 영광스러운 모습을 가리워 주는 역할도 했습니다.

사람은 하나님을 직접 눈으로 목격할 수 없습니다. 하나님이 만드신 태양도 직접 보지 못하는 주제에 어떻게 하나님의 영광을 직접 볼 수 있겠습니까? 그렇기 때문에 사람의 연약함을 염려하신 하나님께서 구름으로 자기의 영광을 가리우고 그 가운데 임하시는 것입니다. 욥에게 나타나신 하나님은 그를 향해 이렇게 말씀하십니다. "무지한 말로 이치를 어둡게 하는 자가 누구냐 너는 대장부처럼 허리를 묶고 내가 네게 묻는 것을 대답할지니라"(욥 38:2, 3). 욥은 자녀와 재산을 잃고, 건강마저 빼앗기고 밤낮없이 슬픔에 젖어 통곡하고 있었습니다. 그때 그는 친구들과 많은 이야기를 나누었는데 그 내용을 하나님이 다 들으셨습니다. 그런데 그가 합당한 말만 했나요? 그렇지 못했습니다. 하나님께서는 욥이 하나님에 대해서, 또 자기가 당하는 고통에 대해서 함부로 말했다는 사실을 지적하셨습니다. 그러면서 무지한 말로 이치를 어둡게 하는 자는 누구냐 하고 따지시는 것입니다. 이제 하나님은 욥이 얼마나 무지한 사람인가를 보여 주려고 하십니다.

어찌 인간이 전능자와 다투겠느냐?

하나님은 욥의 잘못된 부분을 또 하나 지적하고 계십니다. 40장 2절을 봅시다. "변박하는 자가 전능자와 다투겠느냐." 어떻게 인간이 거룩하신 하나님과 감히 논쟁을 벌일 수 있겠느냐는 말입니다. 하나님께서는 욥을 불러 세워 놓고 "하나님과 변론하는 자는 대답할지니라."고 말씀하십니다. 이 말은 '내가 설령 잘못한 것이 있다 할지라도 네가 나를 바로잡을 수 있겠느냐? 네가 뭔데 하나님을 바로잡겠다고 떠드느냐?' 하는 투의 말씀입니다. 그리고 40장 8절에서 하나님은 "네가 내 심판을 폐하려느냐"고 말씀하십니다. '내가 판단을 공의롭게 하지 못했다고 해서 네가 내 심판이 무효라고 떠들 수 있겠느냐?'라는 말입니다. 또 하나님은 "스스로 의롭다 하려 하여 나를 불의하다 하느냐"라고 말씀하고 계십니다. 욥은 자기는 결백한데 하나님이 도리어 자기를 못살게 군다는 식으로 말을 한 적이 있습니다. 하나님께서는 그가 하는 말을 다 들으셨던 것입니다. 그래서 '네가 아무리 결백하다 할지라도 어떻게 그럴 수가 있느냐? 네 결백을 나타내기 위해서 나를 불의한 자로 몰아붙일 수 있느냐?'고 말씀하십니다. 어떻게 피조물인 인간이 창조자 하나님에 대해서 모욕적인 말을 함부로 할 수 있습니까? 하나님은 욥이라는 인간이 자기와 다툴 만한 존재가 못된다는 것을 분명히 하고 계십니다. 아무리 이해할 수 없는 고통을 당한다 할지라도 그것을 가지고 하나님에게 따지는 짓은 상상할 수도 없는 일임을 단호하게 말씀하고 계십니다.

하나님은 욥의 약점들을 지적하면서 동시에 그에게 필요한 은혜를 주기 위해 질문을 던지는 형식으로 대화를 이끌고 계심을 볼 수 있습니다. 38장부터 41장까지 하나님이 욥에게 던진 질문은 무려 71개나 됩니다. 하나님이 욥의 기를 죽이기 위해, 아니면 그의 무식을 증명하기 위해 그렇게 많은 질문을 한 것은 아닙니다. 하나님의 질문 한 마디 한 마디에는 깊은 의미가 숨어 있습니다. 그 속에는 하나님의 진한 사랑이 담겨 있습니다. 그 속에는 하나님의 은밀한 관심이 들어 있습니다. 이러한 사실을 우리는 쉽게 발견할 수 있습니다. 특별히 하나님께서는 욥에게 이런 말씀을 하십니다. "너는 대장부처럼 허리를 묶고 내가 네게 묻는 것을 대답할지니라." 이 말은 요즈음 말로 '남자 대 남자로 한번 이야기해 보자' 하는 말입니다. 창조주 하나님이 어떻게 사람에게 그런 제의를 할 수 있습니까? 한 줌의 흙에 지나지 않는 인간에게 어쩌면 그토록 인간적일 수 있습니까? 이것은 하나님께서 자기를 낮추시고 대화의 당사자로 욥에게 지나친 부담을 주지 않으려고 특별히 배려하신 것으로 보아야 할 것입니다. 욥을 그만큼 사랑하고 계셨다는 증거도 될 것입니다.

더 놀라운 사실 한 가지를 발견할 수 있습니다. 1장부터 37장까지는 하나님을 '엘샤다이'라는 히브리어로 부르고 있습니다. 우리말 성경은 모두 하나님이라고 번역하고 있지만 엄밀히 구별하면 하나님의 명칭이 다릅니다. '엘샤다이'는 전능하신 하나님이라는 의미를 가진 이름입니다. 무엇이나 마음대로 하시는 분, 못할 것이 전혀 없는 하나님이 엘샤다이입니다. 어떤 점에서는 유한한 우리 인간의 눈에 너무 무서운 분으로 비칠 수 있는 하나님입니다. 최고의 권세와 능력을 가진 존재는 나약한 인간에게 항상 두려움의 대상이 될 수 있기 때문입니다. 1장부터 37장을 보면 하나님은 초연히 계시고 먼지 속에 앉은 인간들끼리 논쟁하는 것을 볼 수 있습니다. 그리고 엘샤다이 하나님은 전혀 간섭을 하지 않으시는 것처럼 보입니다.

야훼 하나님

그런데 폭풍 가운데 찾아오신 하나님은 그 이름이 다릅니다. 하나님이라고 하지 않고 '여호와'라는 이름으로 나옵니다. 이 '야훼', '여호와'라는 이름은 언약자로서의 하나님을 이야기합니다. 하나님이시지만 사람의 모습으로 찾아오셔서 인간과 일 대 일로 말씀하시는 그 하나님의 이름을 야훼라고 합니다. 사랑이 많고 자비로우신 하나님입니다. 인간의 연약함을 이해하시고 인간과 함께 대화를 나누시는 하나님으로 표현하는 이름이 야훼입니다. 신약으로 말하면 육신을 입고 세상에 오신 예수 그리스도의 이름과 같다고 할 수 있습니다. 그만큼 그 이름은 우리에게 친근감을 줍니다. 왜 하나님께서 폭풍 가운데 찾아오셔서 자기 이름을 이런 식으로 바꾸어 표현하시는 것일까요? 욥을 향한 자기의 사랑, 관심, 애정을 가득하게 담고 찾아오신 하나님이심을 이야기하는 것입니다. 얼마나 좋은 하나님입니까? 오늘 우리를 찾아와 만나 주시는 하나님은 누구입니까? 엘샤다이 하나님이요, 동시에 야훼 하나님입니다. 그 좋은 하나님을 우리가 만납니다.

한편 하나님이 욥에게 던진 질문을 보면 쉽게 납득이 되지 않습니다. 어떤 면에서는 실망이 될 수도 있습니다. 왜냐하면 욥의 문제와는 하등 관계가 없는 질문을 하시기 때문입니다. 욥이 그 동안 당한 고통에 대해서는 한 말씀도 안하십니다. 그 동안 욥은 잿더미 위에 앉아서 하늘을 향해 자주 불평 섞인 질문을 던졌습니다.

"하나님, 제가 죄지은 것이 없는데 왜 이런 고통을 당해야 합니까? 하나님, 제가 당하는 고통의 원인이 무엇입니까? 가르쳐 주세요. 저는 하나님을 만나서 그 이유를 좀 따져야 되겠어요. 왜 죄악을 밥먹듯이 저지르는 저 사람들은 저렇게 형통합니까? 왜 그런 사람들은 내버려둡니까? 하나님, 왜 빨리 오시지 않고 이제 오셨습니까? 왜 제가 고통당할 때 가만히 침묵하고 계셨습니까?" 그러나 막상 그를 찾으신 하나님은 그런 질문들에 대해 일언반구도 대답을 하지 않고 계십니다. 심지어 '너 그 동안 고생 많이 했다. 참 힘들었지? 라는 위로의 말씀조차 하지 않고 계십니다.

반면에 욥의 문제와 상관이 없는 것처럼 보이는 주제들을 가지고 이야기를 이어 가고 계시는 것을 볼 수 있습니다. 하늘과 땅의 이야기, 별과 구름과 달의 이야기, 하마나 악어나 호랑이나 노새, 산양 이야기만 하고 계십니다. 가족과 재산을 잃고, 건강마저 잃고 천덕꾸러기가 되어서 잿더미 위에 앉아 있는 사람에게 그런 이야기가 무슨 소용이 있습니까? 별 이야기가 무슨 소용이 있으며 하마 이야기가 무슨 의미가 있단 말입니까?

나의 고통 누구의 탓인가?

하나님께서 왜 그렇게 무관하게 보이는 이야기를 많이 하셨는지 다음 세 가지 사실에 초점을 맞추어 살펴볼 수 있습니다.

첫째로, 욥이 당한 고통은 그 이유를 밝힐 수 없는 것임을 보여 주는 것입니다. 욥은 자기가 당한 고통의 원인을 알고 싶어했습니다. 그러나 하나님은 그 고통의 이유를 밝히지 않고 계십니다. 우리 생각에는 1장과 2장에서 볼 수 있었던 천상의 어전회의와 거기서 일어난 일들을 소상히 알려 주는 것이 순리일 것 같은데 하나님은 끝까지 말씀을 하지 않으십니다. "욥아, 네가 왜 그렇게 고통을 당했는지 아니? 내가 사단하고 내기를 했단다. 사단이 하도 우기기에 그를 꺾어 놓기 위해 부득불 네가 희생양이 되지 않을 수 없었구나." 만약 하나님이 이런 식으로 대답을 하셨다면 욥은 기절초풍을 했을지 모릅니다. 아무리 자상하게 설명을 해주어도 욥의 처지에서는 납득할 수 없는 일이었을 것입니다. 그가 당하는 고통에는 하나님이 밝힐 수 없는 심오한 뜻이 숨어 있었습니다. 그런 이유 때문에 하나님이 욥에게 설명을 안 하신 것입니다.

이것은 욥에게만 해당되는 이야기가 아닙니다. 우리도 인생을 살면서 수많은 고통을 겪습니다. 도무지 알 수 없고 이해가 되지 않는 고통이 얼마나 많은지 모릅니다. 그럴 때마다 우리는 이렇게 생각해야 합니다. "하나님은 내가 연약한 줄 아시고 그 고통을 설명하지 않으시는 거야. 내가 당하는 고통에는 신비스러운 하나님의 뜻이 숨어 있어. 그것은 하나님만이 아시는 비밀이야. 그러니까 따지지 말아야 해. 때가 되면 하나님이 저 하늘나라에서 그 모든 고통의 의미를 설명해 주실 거야." 이러한 믿음이 우리에게 있어야 합니다. 우리는 하나님만이 아시고, 하나님께서 자신의 영광을 위해 허락지 않을 수 없는 독특한 고통이 있다는 것을 인정해야 합니다. 당신은 어떤 고통 앞에서 그 고통의 이유를 꼭 알아야겠다고 고집하는 사람은 아닙니까? 그렇다면 당신은 하나님의 깊은 속마음을 읽지 못하는 잘못을 범할 수도 있습니다.

성경 안에 하나님이 설명하지 않으시고 덮어두신 고통이 많습니다. 그 중에 마리아의 남편, 요셉을 들 수 있습니다. 그는 형식적으로 보아서는 예수님의 아버지입니다. 하나님께서는 그 숱한 유대의 처녀 총각 중에서 특별히 마리아와 요셉을 선택하셨습니다. 그리고 하나님 자신이 사람이 되어 찾아오시는 통로로 삼으셨습니다. 다시 말해 요셉은 하나님이 특별히 인정하신 사람이었습니다. 그래서 성경에는 요셉을 경건한 사람이라고 말하고 있습니다. 얼마나 그 믿음이 좋았는지 모릅니다. 그는 아내 마리아를 위해서, 예수를 위해서, 6남매나 되는 자녀를 위해서 얼마나 충실하게 가장 노릇을 했는지 모릅니다. 그의 직업이 목수였지 않습니까? 힘 안 들이고 적당히 할 수 있는 생업이 아니었습니다. 그런데 놀랍게도, 성경에 요셉이 죽었다는 말은 없지만, 하나님은 그를 일찍 데려가셨습니다. 그러니까 요셉은 자녀들이 다 자라기 전에 죽은 것 같습니다. 장자인 예수가 아버지가 하던 목수일을 일찍 이어받아 식구들을 먹여 살리는 고된 일을 수 년 동안 한 것을 보면 짐작할 수 있습니다. 하나님이 왜 요셉을 일찍 데리고 가셨을까요? 그만큼 하나님이 위대하게 사용하신 도구라면 나중에 주님이 부활하시는 영광까지 보여 주어야 마땅할 것 같은데 왜 요셉을 젊은 나이에 데리고 가셨는지 모르겠습니다. 성경을 아무리 뒤져보아도 그 이유는 나오지 않습니다. 그가 죽었다는 이야기조차 하지 않고 있습니다. 이와 같이 하나님은 데려가시고도 말씀이 없으십니다. 하나님은 사람이 이해하지 못하는 고통에 대해서는 말씀을 안 하시는 분인 것 같습니다. 욥에게도 그렇게 하셨습니다. 이 사실을 우리가 당하는 고통에도 적용해야 합니다.

둘째로, 욥으로 하여금 하나님의 지혜, 전능, 선하심에 관심을 주목하도록 하기 위해 하나님께서 우주 만물에 관한 이야기를 하고 계시는 것입니다. "욥아, 내가 만든 삼라만상 가운데는 네 지혜로 헤아릴 수 없는 것들이 얼마나 많은지 모른단다. 어디 한번 둘러볼까?" 아마 이런 의미로 그에게 말을 거시는 것 같습니다. "네가 하늘의 법도를 아느냐 하늘로 그 권능을 땅에 베풀게 하겠느냐." 이 질문을 달리 표현하면 '너는 하늘을 다스리는 질서가 무엇인지 아느냐? 그 질서를 땅에 적용할 수 있다고 생각하느냐? 라는 뜻입니다. 이 질문에 욥이 무엇이라고 대답할 수 있겠습니까? 유구무언할 수밖에 없었습니다. 그렇다고 욥을 가볍게 취급해서는 안 됩니다. 그는 당시 사람으로는 우주 만물에 관해 남다른 지식을 가지고 있었습니다. 코페르니쿠스가 지동설을 말하기 3천 5백 년 전에 그는 이미 지구가 우주 공간에 떠 있는 둥근 공과 같다는 것을 알고 있었습니다. 26장 7절입니다. "그는 북편 하늘을 허공에 펴시며 땅에 공간을 다시며." 누가 감히 이런 말을 지금으로부터 4, 5천 년 전에 했다고 상상이나 할 수 있겠습니까? 그는 참으로 비범한 인물이었습니다. 그럼에도 불구하고 하나님의 지혜에 비하면 욥의 지혜는 하늘에 떠도는 수증기 한 방울에 지나지 않았던 것입니다.

하나님은 욥으로 하여금 자신의 무한하신 지혜에 마음을 열도록 유도하고 계십니다. 뿐만 아니라 자신의 능력에 눈을 뜨고 그 능력이 얼마나 큰가를 보게 하십니다. 41장 1절에서 하나님은 악어에 대한 이야기를 하고 계십니다. "네가 능히 낚시로 악어를 낚을 수 있겠느냐 노끈으로 그 혀를 맬 수 있겠느냐." 이 말은 요즘 총을 가지고 악어를 잡는 사람에게는 우스꽝스러운 이야기입니다. 그러나 총과 같은 기구를 다 던져 버리고 맨손으로 악어를 상대한다고 한번 생각해 보십시오. 아무도 악어를 손으로 주무를 수 없고 가지고 놀 수도 없습니다. 그만큼 인간은 무능한 존재입니다. 하나님이 만드신 악어도 손 안에 넣어 마음대로 못하는 주제에 어떻게 하나님 앞에서 이렇다 저렇다 떠들 수 있느냐 라는 의미를 담고 있는 것입니다. 우주 만물의 신비도 다 알지 못하는 한줌의 흙덩이가 창조주 되신 하나님을 향해 따지고 불평하는 것은 주제넘는 태도가 아니냐는 나무람이 깔려 있다고 할 수 있습니다.

하나님을 한번 상상해 보라

셋째로, 하나님께서 만물에 관한 이야기를 끄집어내신 이유는 욥이 당한 문제를 풀어 주기 이전에 하나님이 욥한테 원하는 것이 무엇인가를 보여 주시려는 데 있습니다. 우리가 알다시피 하나님은 얼마 후에 그를 모든 고통과 슬픔에서 해방시켜 주십니다. 하나님에게 문제 해결이란 항상 간단한 일입니다. 그것보다 더 중요한 일이 기다리고 있기 때문에 문제를 조금 오래 연장시키고 계시는 것뿐입니다. 욥의 경우도 그러했고 우리에게도 크게 다르지 않습니다. 지금 욥에게 필요한 것은 하나님이 원하시는 바가 무엇인가를 아는 일이었습니다. 욥은 아직 그것을 잘 모르고 있습니다. 자기 고통의 원인은 한시 바삐 알고 싶어했지만 하나님의 소원에 대해서는 관심을 돌리지 못하고 있었습니다. 사실은 그럴 만한 여유도 없었습니다. 그러나 하나님은 아직 그가 잿더미 위에 앉아 있을 동안 자기 소원을 알려 주고 싶어하신 것입니다. 그래서 그는 이렇게 말씀하십니다. "욥아, 기분 전환도 할 겸 나하고 여행을 떠나 보자. 내가 만든 찬란한 하늘의 궁전에 한번 가 보자. 그리고 아름다운 정원을 거닐어 보자. 저 바다와 산으로 같이 다녀 보자. 그것들을 구경하면서 함께 이야기를 하면 네 기분도 풀릴 거야. 또 내가 너에게 말하지 않은 것에 대해서도 네가 많이 깨달을 수 있을 거야." 폭풍 가운데 나타나신 하나님은 욥의 손을 이끌고 우주 여행을 하는 것 같은 느낌을 우리에게 안겨 줍니다. 욥의 손을 잡고 우주 정원을 거닐면서 삼라만상을 구경시킵니다. 그리고 해와 달 이야기도 하시고, 새벽이 밝아 오는 신비에 대해서도 이야기하시고 염소, 나귀, 하마 이야기도 하십니다. 이 장면을 한번 상상해 보세요. 얼마나 자상하시고 자비로우신 하나님입니까?

욥은 하나님을 만나 대화를 나누는 동안 자신이 달라지고 있다는 것을 느낄 수 있었습니다. 하나님을 보는 눈이 바뀌는 것을 알았습니다. 동시에 자기 자신을 보는 눈도 바뀌고 있었습니다. 그가 어떻게 달라졌습니까? 40장 4절을 봅시다. "나는 미천하오니 무엇이라 주께 대답하리이까 손으로 내 입을 가릴 뿐이로소이다." 그렇게 잘못한 것이 없다고 떠들던 욥이 갑자기 자신을 미천한 존재, 아무것도 아닌 존재라고 말하고 있습니다. "주여, 나는 미천합니다. 이제 말 안 할래요. 손으로 입을 가리고 말 안 할 테니 혼자서 말씀하십시옵소서." 완전히 사람이 달라졌습니다. 그렇게 말이 많던 사람이 입을 꼭 다물고 손으로 입을 가리워 버렸습니다. 말할 자격도 없으면서 함부로 떠든 것을 부끄러워하는 사람이 되었습니다. "주께서는 무소불능하시오며 무슨 경영이든지 못 이루실 것이 없는 줄 아오니"(42:2). 그는 하나님을 전지전능하신 분이라고 고백하고 있습니다. '하나님, 그렇습니다. 저는 지금까지 하나님을 잘 몰랐어요. 제가 이제 주님을 만나고 보니 하나님은 무엇이든지 다 하실 수 있는 분입니다.' 라고 고백하는 것입니다. 욥은 하나님과 우주를 여행하면서 큰 충격을 받은 것이 틀림없습니다. 42장 3절에서 또 이렇게 고백합니다. "무지한 말로 이치를 가리우는 자가 누구니이까." 쉽게 말하면 이런 뜻입니다. '주님, 지금까지 저는 알지 못하면서 떠들었습니다. 스스로 알 수 없는 것, 헤아리기 어려운 것을 말하면서 다 아는 척했습니다. 주님, 용서하옵소서.' 이어서 그는 하나님 앞에 너무나 중요한 고백을 합니다. "내가 말하겠사오니 주여 들으시고 내가 주께 묻겠사오니 주여 내게 알게 하옵소서 내가 주께 대하여 귀로 듣기만 하였삽더니 이제는 눈으로 주를 뵈옵나이다 그러므로 내가 스스로 한하고 티끌과 재 가운데서 회개하나이다"(욥 42:4~6). 무릎을 꿇고 깊이 회개하는 그의 모습을 보게 됩니다. 지금까지 몸은 잿더미에 내려앉았으나 마음은 그렇지 않았던 그였는데 이제는 몸과 마음이 모두 다 낮은 데로 내려앉는 사람이 되었습니다. 하나님이 그에게 바라신 것이 바로 이것이었습니다.

욥에게 달라진 것은 겸손하게 자기를 낮추는 태도만이 아니었습니다. 그는 자기를 만나 주신 그 좋으신 하나님을 뵈면서 모든 슬픔에서 벗어날 수 있었습니다. 모든 갈등에서 자기 자신을 끌어낼 수 있었습니다. 그렇게 되자 자기도 모르는 사이에 심령에 큰 평안이 깃들기 시작했습니다. 모든 분함과 원망과 저주와 좌절감이 눈 녹듯이 사라져 버린 것을 느꼈습니다. 그리고 전지전능하신 하나님이 자기 앞에 계시는 이상 문제될 것이 아무것도 없다는 생각을 하게 되었습니다. "하나님만 내 앞에 계시면 몸에 병이 그대로 남아 있어도 좋다. 가난이 남아 있어도 좋다. 잃어버린 것 다시 찾지 못해도 좋다." 욥은 자신도 모르게 이렇게 중얼거리는 사람이 되었습니다. 이제는 말이 필요 없는 사람이 되었습니다. 이렇게 해서 그는 하나님의 손에서 치료를 받게 된 것입니다.

어려운 일을 가지고 씨름할 때나, 남이 모르는 슬픔을 안고 몸부림칠 때 문제 해결 그 자체보다 먼저 해야 할 일이 있습니다. 그것은 하나님을 만나는 것입니다. 하나님을 깊이 묵상해 보십시오. 천지만물을 만드시고 보살펴 주시고 사랑해 주신 것을 생각해 보세요. 그의 지혜, 그의 능력, 그의 선하심에 온통 당신의 마음을 쏟으면 그 무한하신 사랑의 능력이 욥을 치료하시듯 당신을 치료해 주실 것입니다. 그러면 고통이 있어도, 문제가 남아 있어도 전능하신 하나님의 능력 앞에서 모든 고통을 초월할 수 있는 힘을 얻게 될 것입니다. 하나님을 생각하면 어떤 슬픔이 있어도 그 슬픔을 딛고 일어날 수 있는 초자연적인 평안을 얻을 수 있습니다.

그래서 스펄전이라고 하는 유명한 설교자는 참 기가 막힌 말을 했습니다. "아, 그리스도를 명상할 때 모든 상처를 위한 진통제가 있습니다. 성부 하나님을 묵상할 때 모든 슬픔이 소멸됩니다. 성령의 감동하심 속에서 모든 쓰라림이 멎습니다. 여러분은 자신의 슬픔을 잊으려 합니까? 여러분의 다른 근심을 헐어 버리려 합니까? 그렇다면 여러분 자신을 하나님의 가장 깊은 바다에 빠뜨리십시오. 그의 무한하심 속에 빠지십시오. 그러면 여러분은 휴식의 침상에서 원기를 되찾고 다시 힘이 넘쳐 일어나게 될 것입니다."

"아들아, 네 마음을 내게 다오"

우리는 하나님의 마음을 바로 읽을 줄 알아야 합니다. 하나님은 욥의 문제를 해결해 주기 이전에 먼저 그가 문제를 안고도 하나님만 사랑하는 사람이 되기를 원하고 계셨습니다. 하나님 때문에 평안을 누리고 하나님 때문에 위로를 받는 순수한 믿음의 사람이 되기를 원하신 것입니다. 하나님은 우리의 마음을 원하십니다. "내 아들아 네 마음을 내게 달라."(잠 23:26)고 말씀하고 계십니다. 하나님께서 잃어버린 재산을 다시 찾게 해 주시고 잃어버린 건강을 다시 회복해 주셔서 우리가 '할렐루야!' 한다면, 그것은 누구나 다 할 수 있는 일입니다. 하나님은 어떤 사람에게나 그의 잃어버린 것을 다시 돌려줄 수 있습니다. 그러나 하나님은 돌려주기 이전에 먼저 우리의 순수한 마음을 원하십니다. "너에게 건강을 다시 돌려주지 않는다고 할지라도 너는 나를 사랑할 수 있겠느냐? 내가 불러간 자식을 너에게 다시 안겨 주지 않는다고 할지라도 너는 나만을 경외할 수 있겠느냐? 네가 겪는 가난이 없어지지 않아도, 네가 이해할 수 없는 고통의 십자가를 일생 지고 살다가 숨을 거두어도 너는 나만 사랑할 수 있겠느냐?" 하나님이 욥에게 요구하신 것은 무엇입니까? 바로 이와 같은 조건 없는 사랑과 믿음이었습니다.

우리는 욥이 왜 고통을 당하게 되었는지 그 배경을 알고 있습니다. 사단은 욥이 하나님을 경외하고 사랑하는 데는 그만한 이유가 있다고 주장했습니다. 그러나 하나님은 사단의 주장을 받아들이지 않으셨습니다. 욥이 고난을 당한 것은 사단의 말이 얼마나 거짓인가를 온 천하에 폭로하는 데 그 원인이 있었습니다. 그러므로 욥이 자기의 부귀와 건강을 조건으로 하나님을 경외하는 사람이 아니었다면 그런 것들이 다 날아갔을지라도 변함 없이 하나님을 경외하고 사랑하는 사람이라는 사실이 입증되어야 했습니다. 이 점에서 드디어 그는 합격점을 땄던 것입니다. 우리가 잘 아는 바와 같이 욥의 병이 아직 낫지 않았을 뿐 아니라 죽은 자식도 돌아오지 않았고, 잃어버린 재산도 다시 찾지 못하고 있었지만 그럼에도 불구하고 그는 이렇게 말합니다. "내가 주께 대하여 귀로 듣기만 하였삽더니 이제는 눈으로 주를 뵈옵나이다"(욥 42:5). 이 말은 하나님 한 분만으로 족하다는 사랑의 고백이나 다름이 없습니다. 하나님이 원하시는 사람은 바로 이런 사람입니다. 하나님은 욥처럼 주님께 무조건적인 믿음, 무조건적인 사랑을 드리는 사람을 원하십니다. 욥은 비록 문제가 해결되지 않았지만 하나님을 만난 것을 최대의 행복으로 여기고 만족하는 사람이 되었습니다.

욥에 비해 우리는 더 기막힌 방법으로 우리를 찾으신 하나님을 알게 된 자들입니다. 그 하나님은 누구십니까? 육신이 되어 우리 가운데 거하시는 예수님입니다. 우리와 같이 천한 몸을 입고 이 세상에 찾아오신 예수님입니다. 그분은 폭풍 가운데 찾아오셔서 욥을 이끌고 삼라만상을 구경시켜 주며 저 우주 공간을 다니시던 하나님과는 달리 친히 인간의 몸을 입고 오셔서 우리가 눈물 흘리는 자리에 함께 앉아 고통을 나누신 분입니다. 우리가 견디지 못하는 슬픔을 안고 몸부림칠 때 말없이 다가와 그 슬픔을 함께 나누신 분입니다. 우리가 잠을 이루지 못하고 괴로워할 때 조용히 다가와 위로해 주시는 분입니다. 이 예수님을 우리가 만나고 있습니다. 우리가 성경을 펼 때마다 그분을 마주합니다. 그분의 손을 잡고 저 갈릴리 바닷가를 거닙니다. 헐몬 산도 올라가고 예루살렘에도 갑니다. 십자가를 지신 골고다 언덕까지, 죄와 사망의 권세를 다 이기시고 부활하신 그 영광의 동산까지 올라갑니다. 우리는 성경을 펴 놓고 "내가 원하노니 깨끗함을 받으라."고 하시던 주님의 음성을 듣습니다. 성경을 펴서 읽을 때마다 그 좋으신 예수님을 마음의 눈으로 볼 수 있다는 것이 얼마나 큰 은혜입니까?

비록 당신에게 슬픔이 남아 있어도 그 슬픔을 가지고 싸우지 마십시오. 주님을 보세요. 당신에게 고통이 있습니까? 그 고통과 맞대결하지 말고 전능하신 하나님을 바라보십시오. 육신을 입고 세상에 오신 예수님을 마음에 모시고 그 말씀을 묵상해 보세요. 고통은 금방 떠나지 않을지 모르지만 마음은 자신도 모르게 달라질 것입니다. 슬픔을 이길 수 있는 힘을 얻게 될 것입니다. 밤중에 노래하게 하시는 기적을 체험할 수 있을 것입니다. 당신도 욥처럼 예수님 한 분만이 나의 사랑이요 마음의 만족이요 인생의 해답이라고 고백하는 사람이 될 것입니다.

이 자리에서 송명희 양의 이야기를 하는 것이 도움이 될 것 같습니다. 우리가 잘 알다시피 송명희 시인은 지금도 몸이 불편하여 몹시 고생을 하고 있습니다. 현실적으로 볼 때는 너무나 불행한 사람처럼 보입니다. 그러나 그는 그 힘든 고통 속에서도 주님을 만나 행복하게 살고 있습니다. 주님은 그의 몸을 고쳐 주지 않으셨습니다. 그가 겪는 가난 또한 해결되지 않았습니다. 겉으로 보기에는 달라진 것이 없습니다. 그러나 확실히 달라진 것이 있습니다. 예수님을 보는 눈이 달라졌고 자기를 보는 눈이 달라진 것입니다. 그래서 그는 어떤 건강한 사람도 맛보지 못하는 기막힌 은혜를 매일매일 누리며 살고 있습니다. 그가 쓴 시 가운데 제가 참 감명 깊게 읽은 것이 있습니다. 제목은 「어두움 가운데 살아도」입니다.

어두움 가운데 살아도 내가 어둡지 아니하네
어두움 가운데 살아도 내가 어둡지 아니한 것은
내 마음에 빛이 있음이라
내 마음에 빛 된 예수 그리스도 그가 내 안에 계심이라.

괴로운 가운데 있으나 내가 괴롭지 아니하네
괴로운 가운데 있으나 내가 괴롭지 아니한 것은
내 마음에 기쁨 있음이라
내 마음에 기쁨 예수 그리스도 그가 내 안에 계심이라.

사망의 그늘이 있으나 내가 숨기지 아니하네
사망의 그늘이 있으나 내가 숨기지 아니한 것은
내 마음에 생명 있음이라
내 마음의 생명 예수 그리스도 그가 내 안에 계심이라.

놀랍지 않습니까? 어떻게 뇌성마비를 가지고 평생 씨름하는 자매의 마음에서 이렇게 기막힌 찬송이 나올 수 있습니까? 이것은 주님을 날마다 만나는 사람만이 체험하는 능력이요 행복입니다.

때가 되면 하나님이 당신의 고통을 덜어 주실 것입니다. 때가 되면 하나님이 당신의 문제를 해결해 주실 것입니다. 때가 되면 하나님이 당신의 병도 고쳐 주실 것입니다. 그러나 이런 조건을 떠나서 예수 그리스도 한 분만으로 만족하는 그런 사람이 되기를 원하십니다. 하나님은 당신에게서 그런 모습을 보기 원하십니다. 우리 앞에 예수님만 계신다면 아무 문제가 없습니다. 비록 슬픔과 고통이 남아 있을지라도 날마다 예수님과 만나는 사람은 최고로 행복한 사람입니다. 우리도 욥처럼 무조건적인 믿음, 무조건적인 사랑을 주님께 드릴 수 있는 사람이 되기를 간절히 소망합니다.

곤경을 돌이키시는 하나님

여호와께서 욥에게 이 말씀을 하신 후에 데만 사람 엘리바스에게 이르시되
내가 너와 네 두 친구에게 노하나니 이는 너희가 나를 가리켜 말한 것이
내 종 욥의 말같이 정당하지 못함이니라 그런즉 너희는 수송아지 일곱과 수양 일곱을 취하여
내 종 욥에게 가서 너희를 위하여 번제를 드리라
내 종 욥이 너희를 위하여 기도할 것인즉 내가 그를 기쁘게 받으리니
너희의 우매한 대로 너희에게 갚지 아니하리라
이는 너희가 나를 가리켜 말한 것이 내 종 욥의 말같이 정당하지 못함이니라
이에 데만 사람 엘리바스와 수아 사람 빌닷과 나아마 사람 소발이 가서
여호와께서 자기들에게 명하신 대로 행하니라 여호와께서 욥을 기쁘게 받으셨더라
욥이 그 벗들을 위하여 빌매 여호와께서 욥의 곤경을 돌이키시고
욥에게 그 전 소유보다 갑절이나 주신지라
이에 그의 모든 형제와 자매 및 전에 알던 자들이 다 와서 그 집에서 그와 함께 식물을 먹고
여호와께서 그에게 내리신 모든 재앙에 대하여 그를 위하여 슬퍼하며 위로하고
각각 금 한 조각과 금고리 하나씩 주었더라
여호와께서 욥의 모년에 복을 주사 처음 복보다 더하게 하시니
그가 양 일만 사천과 약대 육천과 소 일천 겨리와 암나귀 일천을 두었고
또 아들 일곱과 딸 셋을 낳았으며 그가 첫째 딸은 여미마라 이름하였고
둘째 딸은 굿시아라 이름하였고 셋째 딸은 게렌합북이라 이름하였으며
전국 중에 욥의 딸들처럼 아리따운 여자가 없었더라
그 아비가 그들에게 그 오라비처럼 산업을 주었더라
그 후에 욥이 일백사십 년을 살며 아들과 손자 사 대를 보았고
나이 늙고 기한이 차서 죽었더라 (욥기 42:7~17).

지금 눈앞에 있는 고난에서 눈을 떼어 욥을 찾아오셨던 그 하나님을 바라보도록 합시다. 그것만이 우리를 고통에서 회복시킬 수 있는 유일한 해답입니다.

우리는 욥의 친구들이 저지른 결정적인 실수를 이미 여러 차례 살펴본 바 있습니다. 그들이 주장한 것은 거의가 반쪽 진리에 지나지 않았습니다. 반쪽 진리는 부분적으로 옳을 수 있지만 온전한 것이라고 할 수 없는 모호성과 불완전성을 가지고 있는 주장을 말합니다. 그들이 주장한 하나님은 어떤 분이었습니까? 보응하시는 하나님, 철저하게 선악을 가려서 심판하시는 하나님이었습니다. 그러나 그것은 하나님의 공의로우심을 설명하는 데는 도움이 되었으나 하나님의 모든 것을 설명하지는 못했습니다. 욥과 같이 하나님을 바로 섬기고 사랑하는 사람이 겪는 고통을 설명하는 데는 완전할 수 없었습니다. 그럼에도 불구하고 바늘 구멍으로 들여다본 하나님을 놓고 마치 완전하게 깨달은 것처럼 떠들었으니 어불성설이 아닐 수 없었습니다. 하나님의 공의를 이야기하는 사람은 하나님의 무한하신 사랑도 말할 줄 알아야 합니다. 계시된 진리를 논할 때에는 계시되지 않은 진리의 오묘함도 인정할 줄 알아야 합니다. 그리고 그 오묘한 진리를 자신이 깨닫는 데는 한계가 있다는 것도 겸손히 인정할 줄 알아야 합니다. 그러나 세 친구는 그렇게 하지 못했습니다. 그들은 마치 자기들이 완전한 대답자나 된 것같은 착각에 빠져 있었던 것입니다. 결과적으로 욥에게 크나큰 상처만 안겨 주고 말았습니다. 하나님이 세 친구를 향해 진노하신 것은 조금도 이상한 일이 아니었습니다.

여기서 한 가지 명심해야 할 것이 있습니다. 하나님은 자기 자신에 대해 정당하게 말하지 않으면 진노하신다는 사실입니다. 우리는 하나님에 대해서 이야기를 많이 합니다. 그러나 우리가 늘 진리만을 이야기한다고 장담할 수 없습니다. 우리는 자칫 하나님에 대해 잘못 이야기할 수 있습니다. 이를테면 하나님의 거룩만을 일방적으로 강조한다든지 거꾸로 하나님의 사랑만을 가지고 모든 문제의 해답인 양 말을 한다면 하나님을 정당하게 소개하지 못하는 것이 될 것입니다. 아무리 많은 말을 했다 할지라도 하나님이 노여워하실 수 있는 것입니다.

제가 설교자로서 제일 두려워하는 것이 바로 이 점입니다. 제가 이 강단에서 10여 년이 넘도록 설교를 하고 있으니까 여러분은 저를 성경에 도통한 사람으로 보실지 모르지만 그렇지 않습니다. 제가 성경을 알면 얼마나 알겠습니까? 성경을 아무리 많이 안다고 해도 지극히 작은 부분을 아는 데 지나지 않습니다. 바울이 말한 것처럼 우리는 부분적으로 알고 부분적으로 이야기할 뿐입니다(고전 13:9). 그러므로 아무리 은혜가 넘치는 탁월한 설교자라 할지라도 욥의 친구들처럼 잘못을 저지를 가능성이 전혀 없다고는 말 못합니다. 하나님에 대해서 어느 한쪽으로 치우쳐서 말하거나 인간적인 자기 생각을 가지고 말하기 쉬운 것입니다.

저는 어린 시절에 어른들 틈에 앉아 예배를 드린 적이 많았습니다. 그중에는 제가 알아듣는 설교도 있었지만 못 알아듣는 설교가 더 많았습니다. 그 당시 시골 교회에 오셔서 목회하신 분들은 너무나 고생을 많이 하셨습니다. 그분들은 정말 위대한 하나님의 종이라고 할 수 있을 것입니다. 제가 지금 회상해 볼 때 너무나 훌륭한 지도자였다고 생각합니다. 그분들은 대부분 땀을 뻘뻘 흘리면서 힘껏 목청을 돋우어 고성으로 설교하는 스타일을 선호하고 있었습니다. 그들은 청중을 의식하지 않는 사람처럼 보였습니다. 그러나 설교가 끝나면 꼭 이런 기도를 덧붙였습니다. "하나님, 이 부족한 종이 오늘 말씀을 전했습니다. 전한 말씀 가운데서 혹시나 잘못 전한 것이 있다면 용서하옵소서. 잘못 전한 말은 성도들의 마음속에서 뽑아 주시고 오직 생명의 말씀만 남아 있게 하옵소서." 여러분이 알다시피 저는 설교를 마치면서 그런 기도를 하지 않습니다. 그러나 제 마음속으로는 자주 하고 있습니다. 왜 훌륭한 선배들이 설교 때마다 그렇게 부들부들 떨면서 마무리 기도를 하셨을까요? 이유가 있습니다. 하나님에 대해서 정당하게 말하지 않으면 하나님이 노하신다는 것을 잘 알고 있었기 때문입니다. 그리고 듣는 자들에게 큰 손해를 입힐 수 있다는 사실을 알고 있었기 때문입니다.

하나님의 용서를 받는 방법

욥의 친구들은 불행하게도 하나님으로부터 큰 책망을 받았습니다. 그러나 하나님은 얼마나 자비로우신지 그들이 용서받을 수 있는 방법을 가르쳐 주셨습니다. 책망하시면서 용서하시는 참 좋으신 하나님입니다. 하나님이 이렇게 말씀하십니다. "너희는 수송아지 일곱과 수양 일곱을 취하여 내 종 욥에게 가서 너희를 위하여 번제를 드리라 내 종 욥이 너희를 위하여 기도할 것인즉 내가 그를 기쁘게 받으리니 너희의 우매한 대로 너희에게 갚지 아니하리라"(42:8). 수송아지 일곱 마리와 수양 일곱 마리를 가지고 욥을 찾아가라고 말합니다. 욥이 그들을 위하여 제사를 드리고 그들을 위해서 기도하면 하나님이 용서하시겠다는 이야기입니다.

하나님이 왜 욥을 중간에 세우셨을까요? 그것은 그들이 욥에게 큰 상처를 입혔기 때문입니다. 여기에는 상처를 입은 자가 용서를 해야 하나님도 용서하신다는 영적 원리가 숨어 있습니다. 상처 입은 자가 용서를 못하고 있는데 하나님이 용서하신다면 어떤 면에서는 의미가 없는 것인지도 모릅니다. 욥의 친구들이 말을 잘못함으로써 욥이 얼마나 상처를 입었는지 모릅니다. 얼마나 고통을 당했는지 모릅니다. 그런 까닭으로 세 친구가 욥에게 찾아가서 용서를 비는 것은 당연한 도리입니다. 상처 입힌 자를 찾아 용서를 구하지 않는 사람을 어떻게 하나님이 용서할 수 있겠습니까?

사실 세 친구는 욥을 무척 괴롭힌 자들이었습니다. 욥은 그들로부터 평생 잊을 수 없는 모욕과 고통을 받았습니다. 그러나 세 친구가 번제물을 들고 와서 용서를 구하며 하나님 앞에 대신 기도해 달라고 했을 때 그는 거절하지 않았습니다. 왜 그랬을까요? 그는 하나님을 만나고 나서 형언할 수 없이 많은 은혜를 체험했기 때문입니다. 아마 그때 욥은 이렇게 생각했던 것 같습니다. "내 친구들이 잘못한 말을 가지고 저렇게 노여워하시는 하나님이 왜 나에게는 노여워하지 않으실까? 나 역시 얼마나 무지한 말을 많이 했는데…. 그럼에도 불구하고 하나님은 나를 탓하지 않으셨어. 다 용서해 주셨어. 내가 이 큰 은혜를 입었는데 어떻게 친구들을 용서하지 않을 수 있겠는가?" 욥이 이렇게 생각한 것이 틀림없다고 봅니다.

욥이 공의의 하나님에 대해서만 알고 용서의 하나님에 대해서는 잘 몰랐다면 친구들의 죄를 용서할 수 있었을까요? 아마 그렇게 하기는 어려웠을 것입니다. 욥은 용서의 하나님, 은혜의 하나님을 체험했기 때문에 그들을 받아줄 수 있었습니다. 욥기 1장을 펴 보십시오. 욥이 처음 소개되는 장면을 보면 그는 가족을 위해 번제를 드리며 기도하는 사람으로 등장합니다. 또 욥기 마지막 장을 펴 보시기 바랍니다. 거기에서도 그는 친구들을 위해 하나님 앞에 무릎 꿇고 기도하는 사람으로 나타납니다. 욥은 처음에도 다른 사람의 잘못을 대신 짊어지고 하나님 앞에 기도하는 사람으로 등장했고, 마지막에도 다른 사람의 죄를 위해 하나님 앞에 중보기도하는 모습으로 끝을 맺고 있습니다. 얼마나 아름다운 모습입니까? 너무나 은혜롭지 않습니까? 다른 사람의 문제를 가지고 하나님 앞에 나가 무릎 꿇고 기도하는 모습만큼 아름다운 모습이 없다고 생각합니다.

용서와 화해가 주는 놀라운 복

욥기의 대단원은 화해와 회복에서 극치를 이룹니다. 화해는 화목을 뜻하는 말입니다. 화해는 욥기의 대단원을 장엄하게 장식하는 중요한 요소입니다. 욥은 고통 중에 있으면서도 자기를 괴롭혔던 모든 사람들을 용서하고 화해했습니다. 그러한 욥에게 극적인 회복이 뒤따르는 것을 본문을 통해 볼 수 있습니다. 우리는 여기에서 참 중요한 진리를 발견하게 됩니다. 욥이 친구들을 용서하고 화해하자 즉시 하나님이 그의 곤경을 돌이켜 주셨다는 사실입니다. 10절을 같이 봅시다. "욥이 그 벗들을 위하여 빌매 여호와께서 욥의 곤경을 돌이키시고 욥에게 그전 소유보다 갑절이나 주신지라." 용서와 화해는 욥에게 회복을 가져다 준 직접적인 동기가 되었습니다. 욥이 친구들을 용서하고 화해했기 때문에 그에게 기적적인 회복의 역사가 일어났던 것입니다.

욥은 아직도 잿더미에 앉아 있는 사람입니다. 악창으로 인해 여기저기서 고름이 터져 나오고 있습니다. 아직도 아내는 돌아오지 않고 있습니다. 그럼에도 불구하고 욥은 하나님을 만나 체험한 은혜에 충만하여 원수 같은 친구들을 용서하고 그들을 위해 번제를 드리며 기도하고 있습니다. 이러한 욥의 중심을 보시고 하나님은 그의 곤경을 돌이켜 갑절의 복을 내려 주셨습니다. 용서가 치료를, 화해가 복을 안겨 주는 극적인 감동을 체험하는 은혜를 주신 것입니다.

아마 당시 상황이 이렇게 전개되지 않았나 생각합니다. 그가 친구들을 용서하면서 기도하자 그의 썩은 몸이 치유되는 초자연적인 역사가 일어났던 것 같습니다. 열두 해 동안 혈루병으로 고생하던 여인이 예수님의 뒤를 따라가서 그의 옷자락을 만지자마자 혈루의 근원이 마르는 것을 느낄 수 있었던 것처럼 욥도 하나님 앞에 기도하는 그 순간에 놀라운 치유를 체험했을 것입니다. 하나님의 능력이 임하는 그 순간에 욥은 벌떡 일어났고 먼지를 툭툭 털며 힘차게 발걸음을 내딛었을 것입니다. 우리는 친구들에게 둘러싸여 활짝 웃는 얼굴로 잿더미를 떠나는 욥의 모습을 상상해 볼 수 있습니다.

뿐만 아니라 욥은 하나님으로부터 그 전보다 갑절이나 많은 재물을 받았습니다. 그 기간이 얼마나 걸렸는지도 모르지만, 야곱이 외삼촌 집에서 수 년 사이에 갑부가 된 것처럼 욥도 오래 지나지 않아 그렇게 된 것 같습니다. 욥이 받은 복을 말해 볼까요? 1장과 비교해 본다면 전부 갑절입니다. 12절을 보세요. 양이 1만 4천, 약대가 6천, 소가 1천, 암나귀가 1천이라고 했습니다. 이것이 어느 정도의 규모인지 우리는 잘 모릅니다. 그 당시는 화폐나 그밖에 다른 것으로 재산 액수를 계산하지 않았습니다. 소유하고 있는 가축의 숫자로 부의 정도를 가늠했습니다. 짐승을 수만 마리 가지고 있다면 어마어마한 부자입니다. 이것의 반만 가져도 동방 제일의 부자라고 했는데 욥은 갑절로 받았습니다.

하나님이 욥에게 재산만 갑절로 주셨나요? 아닙니다. 자녀도 갑절로 주셨습니다. 욥은 다시 아들 일곱과 딸 셋을 거느리게 되었습니다. 그는 원래 자녀를 10남매 두었었습니다. 자녀를 갑절로 받았다면 스무 명이 있어야 하지 않겠습니까? 아들 일곱, 딸 셋밖에 안 받았는데 어떻게 갑절이 됩니까? 천국에 10남매가 살고 있으니까요. 하늘과 땅에 있는 자녀를 합하면 꼭 두 배가 되는 것입니다. 그러면 가축은 왜 글자 그대로 두 배를 주셨나요? 가축 중에는 천국에 간 놈이 하나도 없거든요. 그러니까 그 놈들은 두 배로 받아야 갑절이 되는 것입니다. 그리고 욥은 4대손을 볼 정도로 많은 후손을 거느렸습니다. 그것도 큰 복입니다. 또한 그는 얼마나 오래 살았습니까? 140년을 살았습니다. 욥기 앞 부분에서 제가 그의 나이를 언급한 적이 있습니다. 욥이 140년을 살았기 때문에 그가 처음 고난받을 때 나이가 70살 정도가 되었다고 추측하는 것입니다. 욥은 수명도 곱으로 받았습니다. 얼마나 대단합니까?

누가복음 6장 37, 38절을 보면 이런 말씀이 나옵니다. "용서하라 그리하면 너희가 용서를 받을 것이요 주라 그리하면 너희에게 줄 것이니 곧 후히 되어 누르고 흔들어 넘치도록 하여 너희에게 안겨 주리라." 우리가 형제에게 줄 수 있는 가운데 가장 큰 것이 무엇입니까? 그것은 용서입니다. 용서하는 자에게 하나님은 축복하십니다. 후히 되어 흔들어 넘치도록 많이 주신다고 약속하셨습니다. 욥은 친구들을 위하여 번제를 대신 드리고 그들의 모든 허물을 덮어 주었습니다. 그때 하나님께서는 갑절의 축복을 그에게 허락하셨습니다. 이 사건이 우리에게 시사하는 교훈은 매우 크다고 생각합니다.

욥이 갑절로 복을 받아 또다시 동방에서 제일가는 부자가 되자 그의 문전은 성시를 이루기 시작했습니다. 11절을 보십시오. "이에 그의 모든 형제와 자매와 및 전에 알던 자들이 다 와서 그 집에서 그와 함께 식물을 먹고 여호와께서 그에게 내리신 모든 재앙에 대하여 그를 위하여 슬퍼하며 위로하고 각각 금 한 조각과 금고리 하나씩 주었더라." 여기에 나오는 이 사람들은 누구입니까? 사실 따지고 보면 과거에 욥을 버렸던 사람들입니다. 동네 밖 쓰레기더미로 욥을 쫓아냈던 사람들이 바로 이들이었습니다. 고대사회에서는 한 동네 안에 사는 사람들의 숫자가 별로 많지 않았습니다. 그 당시는 씨족사회였으므로 대부분 형제 자매, 친척, 친지들이 모여서 살았습니다. 그들 모두는 욥과 아주 가까운 사이였지만 욥이 빈털터리가 되자 그를 박대하면서 쫓아냈습니다. 욥에게 씻을 수 없는 상처를 입힌 자들이 바로 그들이었던 것입니다.

그러나 사태가 반전되어 상거지가 제일가는 갑부로 바뀌고 병든 몸이 깨끗하게 되자 다시금 사람들이 그의 문 앞에 줄을 서기 시작했습니다. 묘한 느낌이 들지 않습니까? 옛날이나 지금이나 인간 사회는 다 마찬가지인 것 같습니다. 계산적이고 간사한 구석은 어느 시대, 어느 사람에게나 다 있나 봅니다. 우리나라 옛 속담에 이런 말이 있지요? "정승 집에 개가 죽으면 찾아오는 사람이 많지만 정승이 죽으면 찾아오는 사람이 별로 없다." 그만큼 인간은 계산에 빠른 동물인 것 같습니다. 욥의 주변에 있던 형제 자매, 친척, 친구들이 그런 사람들이었습니다. 오늘날에도 부귀영화를 누리다가 한 순간에 몰락하는 사람이 가끔 있지요? 그런 궁지에 빠지면 그간 다정하게 지내던 사람들이 등을 돌리는 경우가 많습니다. 어떤 점에서는 가깝게 지내던 친구가 오히려 멀리 있는 사람보다 더 상처를 입히고 떠나기 쉽습니다. 이것이 각박한 세상 인심입니다. 사랑하고 믿었던 자들로부터 받는 고통은 그 아픔이 몇 갑절로 더 심하게 느껴지는 법입니다.

공직에서 물러난 두 대통령이 불화한 것을 화제로 삼아 이야기하는 사람들이 많습니다. 전임 대통령은 가장 가까운 친구를 후임자로 내정하면서 자기의 정치적 입지를 지켜 주고 변호해 줄 것으로 믿었나 봅니다. 그러나 뜻대로 안 되자 심한 배신감과 모욕감을 느꼈나 봅니다. "친구가 어디 있어? 내가 사람을 잘못 보았어."라고 내뱉을 만큼 깊은 원한을 가지고 있다는 것을 신문지상을 통해 본 적이 있습니다. 그렇습니다. 아주 가까운 사람이 입힌 상처는 쉽게 아물지 않는 법입니다. 욥도 그런 심적 고통을 많이 겪었습니다. 주변에 있던 사람들이 모두 다 욥을 버렸고 그에게 깊은 상처를 안겨 주었습니다. 그러나 그들은 욥이 다시금 큰 축복을 받게 되자 언제 그랬느냐는 태도로 그의 주변에 몰려들었습니다. 선물 보따리를 들고 찾아와 안타까운 표정을 지으며 그가 겪은 그간의 고통을 위로하는 척했습니다. 그 모습을 한번 상상해 보십시오. 여간 간사한 사람들이 아니구나 하는 생각이 들지 않습니까?

은혜는 원한을 갚지 않는다

그러나 욥은 그들을 다 받았습니다. 욥은 그들 모두를 용서했습니다. 그들에게 일말의 원한도 갖지 않았습니다. 그들이 저지른 과거의 어떤 잘못도 탓하지 않았습니다. 욥은 한때 자신을 의롭다고 추켜세우다 하나님을 불의하신 분처럼 이야기한 적이 있습니다. 그러나 그때도 하나님은 그를 다 받아 주셨습니다. 그는 그런 은혜를 맛보았기 때문에 자기에게 고통을 준 사람을 용서해야 한다고 생각했던 것 같습니다. 욥은 하나님의 은혜로 승리할 수 있었던 것입니다.

또 욥은 딸들에게도 재산을 나누어 주었습니다. 그 당시로 봐서는 파격적인 사건이 아닐 수 없습니다. 고대사회에서는 딸에게 재산을 나누어 준다든지, 유산을 준다든지, 산업을 잇게 한다든지 하는 법이 없었습니다. 그런데 욥은 아들이 일곱이나 되면서도 딸 셋에게 골고루 재산을 나누어 주었습니다. 이상하게도 성경은 욥의 딸들의 이름을 다 기록하고 있습니다. 그리고 천하에서 제일 아름다운 여자라고 칭찬하고 있습니다. 성경에 이와 같은 사례가 또 나오는지 모르겠습니다. 그만큼 그의 딸들은 특별대우를 받았습니다. 욥이 왜 딸들에게 특별하게 베풀었을까요? 그것도 욥이 체험했던 은혜가 얼마나 컸던가를 짐작하게 하는 사건입니다. 받을 자격 없는 사람이 모든 것을 갑절로 받은 마당에 아들, 딸 가릴 필요가 어디 있는가 하고 생각했던 것 같습니다. 그는 관습이나 전통에 매이지 않았고 사람의 눈치를 보며 주저할 필요가 없었던 것입니다. 사실 그렇습니다. 그토록 큰 복을 받은 사람이 굳이 아들, 딸 구별해서 나누어 줄 필요는 없지 않겠습니까? 은혜는 대상을 가리지 않는 법입니다.

어떤 분이 이런 재미있는 말을 했습니다. "은혜가 임하면, 고대사회에서는 그 은혜가 여자에게까지 미치고, 성인사회에서는 어린아이에게까지 미치고, 풍요로운 사회에서는 가난한 자에게까지 미치고, 건강한 사회에서는 병약한 자에게까지 미치고, 유대에서는 이방인에게까지 미치고, 기독교 사회에서는 죄인에게까지 미친다." 은혜는 사람을 가리지 않고 골고루 미치는 특징이 있습니다. 욥이 아들 딸 가리지 않고 골고루 재산을 나누어 준 것을 볼 때 우리는 다시 한 번 하나님의 은혜를 실감할 수 있습니다.

우리는 욥이 실천했던 용서와 화해가 그에게 영혼의 회복, 건강의 회복, 재산과 가정의 회복을 가져다 주었다는 사실을 검토해 보았습니다. 이제 몇 가지 사실을 다시금 정리해 보고자 합니다. 하나님은 우리를 회복시키는 자비로운 아버지이십니다. 이것을 우리가 믿어야 합니다. 이사야 9장 1절에 이런 말씀이 나옵니다. "전에 고통하던 자에게는 흑암이 없으리로다." 하나님은 우리를 회복시켜 주시는 분입니다. 예수 그리스도 복음의 핵심은 회복에 있습니다.

이사야 61장 1절부터 3절까지의 말씀입니다. "주 여호와의 신이 내게 임하셨으니 이는 여호와께서 내게 기름을 부으사 가난한 자에게 아름다운 소식을 전하게 하려 하심이라 나를 보내사 마음이 상한 자를 고치며 포로된 자에게 자유를, 갇힌 자에게 놓임을 전파하며 여호와의 은혜의 해와 우리 하나님의 신원의 날을 전파하여 모든 슬픈 자를 위로하되 무릇 시온에서 슬퍼하는 자에게 화관을 주어 그 재를 대신하며 희락의 기름으로 그 슬픔을 대신하며 찬송의 옷으로 그 근심을 대신하시고 그들로 의의 나무 곧 여호와의 심으신 바 그 영광을 나타낼 자라 일컬음을 얻게 하려 하심이니라." 얼마나 놀라운 위로의 말씀입니까?

우리가 이유를 알 수 있는 고통을 당하든지, 이해할 수 없는 고통을 당하든지 간에 하나님은 우리를 그 고통 중에 영원토록 내버려 두시는 분이 아닙니다. 사실 욥은 세상에서 꿈을 다 잃어버린 사람이었다고 해도 과언이 아닙니다. 그가 얼마나 극심한 고통을 겪었습니까? 그는 자신의 몸이 완쾌되리라고는 미처 생각하지 못했을 것입니다. 또 잃어버린 자식을 다시 얻으리라고도 생각하지 못했을 것입니다. 더구나 이미 자기 손에서 날아가 버린 재산을 다시 얻을 수 있을 것이라고도 상상 못했을 것입니다. 그는 단지 죽어 저 세상에 가면 하나님이 자기의 슬픔을 다 풀어 주실 것이라 믿고 있었습니다. 세상에서는 볼장 다 보았지만 저 하나님 나라에 가서는 주의 위로를 받을 것이라는 소망에 모든 것을 걸고 있었습니다. 그러나 우리 하나님은 욥에게 어떻게 하셨습니까? 그가 아직 세상에 살고 있을 때 그에게 필요한 모든 것을 회복시켜 주셨습니다. 이것은 우리에게 참으로 중요한 교훈을 안겨 줍니다.

우리 가운데 세상에서 어떤 위로를 받으리라고는 아예 기대를 하지 않고 사는 분은 없습니까? "나는 실패했어. 나에게는 기울어지는 가세를 세울 능력이 없어. 내일을 기대할 만한 여건도 못 돼. 이제는 세상에 아무 낙이 없어. 천당에나 가야지." 하는 식으로 생각하는 분이 있을지 모르겠습니다. 만약 그런 분이 있다면 그는 아직 하나님이 누구신가를 잘 모르는 사람이라고 할 수 있습니다. 하나님에 대해서 잘 안다면 그런 생각은 하지 않을 것입니다. 하나님이 주시는 회복이 반드시 영적이고, 반드시 내세적인 것만은 아닙니다. 기독교는 영혼의 행복만을 논하고, 내세의 복만을 노래하는 종교가 아닙니다. 하나님께서는 이 세상에서도 상처 입은 자를 싸매시고, 우는 자의 눈물을 씻겨 주시고, 병든 자를 일으키시고, 가난한 자를 부하게 하신다고 분명히 약속하셨습니다.

우리를 회복시키시는 자비로우신 아버지

하나님이 허락하시기만 하면 우리에게 기적적으로 회복되는 날이 찾아올 수 있습니다. 누가 감히 부정할 수 있나요? 하나님이 우리에게 안겨 주실 그 놀라운 복을! 아들이 없어 섭섭해 하는 분이 있나요? 실망하지 마세요. 당신의 딸을 통해 하나님이 열 아들보다 더 놀라운 복을 안겨 주실지 아무도 모르는 겁니다. 젊었을 때에 몹시 고생했나요? 노후에는 하나님이 어떤 복을 내려 주실지 아무도 모르는 것입니다. 지금의 실패가 나중에 하나님의 큰 복을 받는 계기가 될 수 있습니다. 하나님께는 불가능한 일이 없습니다. 욥에게 하신 일을 보세요. 불가능을 가능케 하시는 하나님입니다. 이 회복의 기적은 욥에게만 일어나는 사건이 아닙니다. 하나님은 변함없으신 분입니다. 어느 때나 자기의 자녀를 다루시는 원리는 같습니다. 구약시대에 욥을 다루시던 하나님이 오늘 우리를 다루실 때도 똑같은 원리를 적용하실 수 있다는 것을 믿어야 합니다. 만약 그렇지 않다면 욥의 이야기가 우리 마음속에 감동적으로 와서 닿지 못할 것입니다.

우리는 욥이 아닙니다. 우리에게는 욥과 닮은 점보다 다른 점이 많습니다. 우리는 욥처럼 소문난 부자거나, 욥처럼 깡그리 망한 사람이거나, 욥처럼 너무나 힘든 병을 안고 씨름하는 사람이 아닐지 모릅니다. 그러나 그와 동일한 점이 있습니다. 그의 하나님이 바로 나의 하나님이시라는 것입니다. 이 점에서 우리 모두가 똑같습니다. 욥이 잿더미에 앉았을 때 그 크신 팔로 안아 주시던 하나님은 오늘 우리에게도 그렇게 찾아오셔서 땅바닥에 있는 나를 일으켜 세우실 수 있습니다. 이것을 우리가 믿어야 합니다.

본문에 나오는 '곤경'이라는 용어는 매우 폭넓은 의미로 사용되는 말입니다. 그것은 속박 혹은 포로생활을 의미합니다. 그러므로 하나님이 그가 처한 곤경을 돌이켜 주셨다고 하는 것은 심신의 속박에서 벗어나 자유함을 누리게 해주셨다는 말이 됩니다. 영혼의 해방은 우리의 고통이 사라지고 소원이 성취될 때 많이 체험할 수 있습니다. 그러나 경우에 따라서는 짐을 지고도 진하게 체험할 수 있는 은혜입니다. 우리 중에는 가난한 분들이 많습니다. 그러나 가난한 가운데서도 마음의 자유함을 잃지 않고 날마다 찬송하며 사는 분들이 있습니다. 그들은 부자를 부러워하지 않습니다. 자동차가 없어도 걸어 다니면서 하나님을 찬양하며 행복해 합니다. 다른 사람들을 구김살 없이 떳떳하게 대합니다. 그런 사람에게는 가난이 곤경이 될 수 없습니다. 곤경은 사람을 가두는 것을 말합니다. 포로처럼 꽉 매어놓고 자유를 주지 않는 상태를 말합니다. 아무리 가난해도 그 마음이 가난에 속박당하지 않는다면 그는 곤경에 빠진 사람이 아닙니다. 어떤 사람은 중병을 앓고 있지만 병상에서도 하나님을 찬송하는 은혜를 맛보며 삽니다. 병이 그 사람을 구속하지 못합니다. 오히려 건강한 사람보다 더 환하게 웃으며 병 문안 온 사람을 위로하고 격려하는 것을 봅니다. 그 사람에게 있어 병은 더 이상 곤경이 아닌 것입니다.

  제가 수 년 전에 소록도에 갔을 때의 이야기입니다. 나환자들과 함께 예배를 드리면서 제가 얼마나 은혜를 받았는지 모릅니다. 이 사회는 그들을 버렸습니다. 우리 사회가 그들을 제대로 인간 대우해 줍니까? 그러나 그들은 병에 매인 사람이 아니었습니다. 하나님을 찬송하는 그들의 모습을 볼 때 마치 천사가 찬송하는 것 같았습니다. 그들이 하나님의 말씀을 받으면서 얼마나 기뻐하고 할렐루야를 외치는지 제가 충격을 받고 돌아왔습니다. 나병이 더 이상 그들에게 곤경이 되지 못하는 것을 보았습니다. 하나님이 그들을 곤경에서 돌이켜 주신 것입니다.

  이와 같이 하나님께서 욥의 곤경을 돌이키셨다는 것은 욥이 단순히 건강, 재산, 자녀를 다시 돌려받았다는 사실만을 의미하는 것이 아닙니다. 그의 영혼을 짓누르고 있던 무거운 짐까지 내려 주셨다는 의미가 들어 있는 것입니다. 우리 하나님은 육신을 치유하실 뿐만 아니라 영혼도 모든 곤경에서 회복시켜 주시는 분입니다. 너무나 자비로우신 하나님입니다. 어떻게 이 은혜가 천국에서만 가능하다고 할 수 있겠습니까?

고통 중에 입은 상처로 용서 못하는 자가 있는가?

또 하나, 회복을 원한다면 반드시 용서해야 합니다. 우리가 고통을 당할 때는 상처를 입기 쉽습니다. 그때는 마음이 상해 있기 때문에 사소한 일에도 다른 사람을 원망하기 쉽습니다. 고통에서 벗어나기를 원하고 하나님이 자신을 곤경에서 돌이켜 주시기를 원합니까? 그렇다면 다른 사람을 용서해야 합니다. 화해해야 합니다. 용서할 때 치료의 능력이 임합니다. 용서할 때 수고의 대가가 돌아옵니다. 고통 중에 있는 사람이 상처 준 자들을 용서하지 못한다면 그는 곤경에서 벗어나지 못합니다. 원망하고 미워하는 그 감정에 자기가 속박을 당하고 마는 것입니다. 용서하고 화해해야 하나님이 그에게 모든 것을 다 회복시켜 주십니다.

욥은 예수 그리스도를 보여 주는 작은 모형이라고 흔히 말합니다. 욥의 인격은 예수님의 인격을 닮았습니다. 욥이 사단에게 시험을 받은 것도 예수님이 시험받은 것과 흡사합니다. 욥이 애매한 고난을 받은 것도 예수님이 고난을 받은 것과 흡사합니다. 욥이 친구들로부터 정죄를 당하는 것도 예수님이 세상에서 정죄받은 것과 비슷합니다. 나중에 친구를 용서하고 이웃을 용서한 것을 보면 예수님이 자기를 십자가에 내어 준 원수들을 용서하신 것과 흡사합니다. 확실히 욥은 예수 그리스도와 닮은 점을 많이 가진 인물입니다.

　우리는 작은 예수로 부름받은 사람들입니다. 그래서 예수님처럼 애매한 고난을 받을 수 있고, 사단의 시험에 시달릴 수도 있습니다. 그러나 우리가 욥처럼 작은 예수가 되기를 바란다면 형제를 용서해야 합니다. 용서할 때 치료의 능력이 임합니다. 용서할 때 잃었던 것을 다시 찾게 됩니다. 용서할 때 하나님은 우리를 잿더미에서 영광의 자리로 옮겨 주십니다. 우리는 영원한 그 나라에서 누릴 영광뿐만 아니라 이 세상에서도 하나님이 주시는 복이 있다는 것을 믿어야 합니다. 욥은 우리를 향해 마치 이렇게 말하고 있는 것 같습니다. "고통이란 견디기가 여간 어려운 것이 아닙니다. 그러나 잘만 활용하면 하나님을 만나는 기막힌 은혜를 얻을 수 있습니다. 잃은 것을 갑절로 받을 수 있는 기회가 됩니다. 그러니 당신이 역경을 만나더라도 낙심하지 마세요. 나를 보세요. 하나님이 모든 것을 회복해 주시지 않았습니까? 겨울이 지나면 반드시 새봄은 돌아온답니다."

　끝으로 한 마디를 덧붙이고 싶습니다. 본문 10절을 암송하시기 바랍니다. 그리고 욥이 실천했던 용서와 화해의 마음으로 이 말씀을 묵상하며 삶에 적용하시기 바랍니다. 그러면 당신도 욥처럼 놀라운 은혜와 복을 체험할 수 있을 것입니다. "욥이 그 벗들을 위하여 빌매 여호와께서 욥의 곤경을 돌이키시고 욥에게 그전 소유보다 갑절이나 주신지라." 하나님은 우리의 곤경을 돌이키시는 분입니다. 욥처럼 은혜를 받으면 세상에서도 하나님의 크신 복을 누리며 살 수 있습니다. 그리고 이 땅에서 못다 얻은 것은 영원한 그 나라에서 갑절로 받을 수 있을 것입니다. 지금 눈앞에 있는 고난에서 눈을 떼어 욥을 찾아오셨던 그 하나님을 바라보도록 합시다. 그것만이 우리를 고통에서 회복시킬 수 있는 유일한 해답입니다.